Mais de 100 dicas de

CHURRASCO

CB079102

Leon Dziekaniak

Mais de 100 dicas de
CHURRASCO

www.lpm.com.br

L&PM POCKET
GASTRONOMIA

Coleção L&PM Pocket Gastronomia, vol. 5

Capa: L&PM Editores sobre foto do Image Bank de Derik Murray.
Revisão: Renato Deitos e Jó Saldanha
Produção: Jó Saldanha e Lúcia Bohrer

ISBN 85.254.1019-5

D99m Dziekaniak, Leon Hernandes
Mais de 100 dicas de churrasco / Leon Hernandes Diziekaniak. -- Porto Alegre: L&PM, 2001.
170 p. ; 17 cm -- (Coleção L&PM Pocket Gastronomia)

1. Arte culinária-receitas-churrasco. I. Título. II. Série.

CDU 641.568(083.12)

Catalogação elaborada por Izabel A. Merlo CRB 10/329.

© Leon Hernandes Dziekaniak, 2000
email do autor: leon.hd@bol.com.br

Todos os direitos desta edição reservados à L&PM Editores S/A
Porto Alegre: Rua Comendador Coruja 314, loja 9 - 90220-180
Floresta - RS / Fone: (0xx51) 3225.5777
informações e pedidos: info@lpm.com.br
www.lpm.com.br

Impresso no Brasil
2001

Para
Tamara,
que aprecia a boa mesa.

Delicta carnis

Os pecados da carne

Sumário

Apresentação

Todo mundo sabe fazer um churrasco como todo mundo conhece futebol, entende de cinema, de acupuntura, e não existe outro que saiba mais sobre mulher. O churrasco ainda é um prazer masculino, claro. A mulher entra por aí, nessa tola pretensão dos homens.

Carne, então, nem pensar, muito menos essa dúvida entre carvão e lenha, tamanho da boca da churrasqueira, espeto ou grelha, se é para cinco ou vinte pessoas, tudo igual, simples, basta encarar.

Essa é uma das amenas mentiras com que se vai levando a vida, e fazendo churrascos. Carne passada, muito salgada, sem nenhum sal, crua ou servida fria são grosserias que se aceita, se releva, e se diz que está ótimo, no ponto. Porque o tácito entendimento é que, se ninguém sabe muito bem o que foi que aconteceu com a carne, o melhor é não dar palpite. É mastigar.

É o que explica tanto churrasco malfeito,

o que sempre lembra o pensador Allan Watts que, diante de uma galinha mal cozida e mal temperada, denunciava que ela infelizmente tinha morrido em vão. Assassinato na Cozinha era seu ensaio.

O livro do Leon Hernandes Dziekaniak *Mais de 100 dicas de churrasco* é um manual completo, bem escrito, inteligente e provocativo, que cobre toda a extensão dessa nobre arte do Rio Grande do Sul e do Prata, valoriza as melhores iniciativas, simplifica o que parece obscuro e acessível apenas a iniciados.

E docemente vai ensinando aquilo que todo mundo declara que já sabe. Não dói, não humilha. E é indispensável como livro secreto do churrasqueiro.

RUY CARLOS OSTERMANN

As origens do churrasco

O homem pré-histórico era um coletor de folhas e raízes, extrativista, caçador, comedor de carne crua.

E houve um dia em que escureceu de repente, ribombaram os trovões e um relâmpago cortou o céu. Um raio cai sobre a floresta e provoca o primeiro incêndio. Animais mortos, queimados. E aquele homem primitivo, também ele um animal, experimentou desta carne e gostou.

E quando, muito mais tarde, o primitivo homem das cavernas descobriu como fazer e conservar o fogo, descobriu muito mais do que uma simples fonte de luz e de calor. E certamente, um dia, enquanto se esquentavam ao redor das fogueiras, alguém experimentou jogar ao fogo um pedaço da caça do dia. E logo perceberam que algo mudara. Enfumaçada, queimada, assada, torrada, de qualquer jeito que a carne ficasse, algo tinha mudado. Mudara o gosto e, principalmente, a conservação. A carne que passara pelo fogo durava mais. E isto significava que liberava tempo, diminuía os riscos de enfrentar as feras. A comida de amanhã estava garantida, não precisavam caçar todos os dias.

E dentro da caverna o fogo adquiria outros significados: protegia dos animais selvagens, encompridava o dia, permitia uma tosca troca de experiências, congregava. E ainda hoje é este espírito de congregação que preside os nossos churrascos. Os mesmos homens, reunidos em volta do fogo. Não mais os perigos, não mais o instinto de sobrevivência, mas a fome civilizada, o espírito de confraternização. Não estariam aí as origens mais remotas do nosso churrasco?

O GADO OCUPA O PAMPA

O gado foi trazido para o Brasil pelos portugueses em 1534, desembarcando na Bahia e dali se espalhando pelo nordeste e demorando quase um século para chegar nos campos do sul.

No Rio Grande do Sul, quem introduziu o gado foi o padre espanhol Cristóvão de Mendoza, exatamente em 1634. Esta primeira tropa veio para abastecer as missões jesuíticas e a gadaria, criada solta, logo se multiplicou espontaneamente e se espalhou pelos campos verdes, com pastos fartos e férteis.

A introdução do gado mudou e marcou definitivamente o caráter do habitante do pampa. O índio saiu da sombra das matas para o campo aberto. Passou da agricultura de subsistência para a pecuária. E mais, para seu manejo o gado exigiu a presença do cavalo. Com isto o índio que abandonou a faina a pé, tornou-se um cavaleiro e nunca mais foi o mesmo. A mobilidade e a destreza despertaram seu lado guerreiro. Portanto, o gado e o cavalo moldaram o perfil do que viria a ser mais tarde o gaúcho.

O gado errático e sem dono fornecia tudo que o homem do pampa mais precisava: o leite, a carne, o couro. Eram comuns fazendas com cerca de 30.000 cabeças. E quem precisasse de carne tinha apenas o trabalho de laçar o gado xucro mais à mão, abater, carnear e retirar a parte que lhe aprouvesse, abandonando o resto no campo. E assim foi até que os bandeirantes paulistas começaram a descer para cá em busca de gado e de índios aldeados, para abastecer de carne e mão-de-obra a zona de mineração, nas Minas Gerais.

Mais tarde, os rapinadores começaram a deixar seus prepostos arranchados por aqui, arrebanhando o gado. Assim, quando os bandeirantes chegassem não precisavam gastar tempo com a caça aos bois sem donos. Estes primeiros arranchados deram origem aos primeiros invernadores, matrizes de nossas primeiras fazendas.

Nas primitivas estâncias gaúchas, o boi, mais tarde a ovelha, era abatido diariamente para a alimentação do fazendeiro e sua família, peões, empregados, agregados e toda a gente que da fazenda vivia. Naturalmente, os melhores cortes de carne ficavam na casa grande: os filés, a alcatra, o lagarto, o lombo sem osso. E para os galpões – onde viviam os peões – sobravam as carnes com osso, costelas, principalmente. E é esta costela, desprezada pelo estancieiro, que dá origem ao nosso churrasco. Bastava preparar um braseiro e aproveitar o mesmo sal grosso do gado. E você pode imaginar aqueles homens rudes, acocorados à beira do fogo, manejando os espetos de pau e tirando nacos de carne, envoltos na fumaça e no cheiro doce da gordura pingando sobre as lenhas. Sem saber, inauguravam uma tradição. E é este mesmo gesto que repetimos agora em frente a nossas civilizadas churrasqueiras.

Fases do churrasco

Em sua evolução das cavernas às sacadas dos apartamentos o churrasco passou por várias fases. Queimamos algumas etapas e chegamos até nossos dias.

Todo gaúcho conhece bem aquele tipo de churrasco improvisado no campo, debaixo de uma figueira. Um tronco fumegante produzindo calor, espetos de pau e uma gorda costela chiando sobre as brasas. Este churrasco, que chamamos de *primitivo,* está na origem de nossa tradição e ainda se mantém pelos campos afora. E mais tempo se manteria se não fosse a chegada dos imigrantes que trouxeram acréscimos culturais e culinários. Italianos e alemães enriqueceram nosso churrasco espartano com as saladas, as carnes de porco, as lingüiças, o galeto, a polenta, os vinhos e mais os temperos. Modificaram para melhor e tanto e tão irreversivelmente que podemos chamá-lo de *churrasco dos imigrantes.*

E os mesmos imigrantes, na década de

60, talvez entusiasmados com as farturas da nossa terra, foram os criadores do *rodízio* ou *espeto corrido*, como ainda se chama por aqui. O que é o rodízio senão o gosto selvagem pelas carnes, enobrecido pelas variedades, pelos cortes, pelo esmero no preparo, pelo deslumbramento da oferta, pelos complementos, pelas disponibilidades. Uma orgia.

E há os que não aprovam o rodízio. Acusam-no de pantagruélico, demonstração de glutoneria, barbarismo. Mas... tudo é uma questão de medida. Um rodízio de qualidade, e se dele nos acercamos com sabedoria, é um paraíso para quem aprecia as carnes. Exige alguma experiência e técnica. Primeiro, não devemos nos afobar. Segundo, não devemos aceitar tudo que nos oferecem. Terceiro, nós é que devemos estabelecer o ritmo. E me diga: onde se poderia escolher, degustar em seqüência, uma tão rica variedade de oferta e tão contínua e tão criativa e com tanta disposição de bem servir? O rodízio, para quem o domina e sabe usufruir, é como um harém para um sultão.

A última fase, e agora já bastante presente, é a que podemos chamar de churrasco *uruguaio*. Nossos vizinhos atravessam a fronteira e enriquecem nossa culinária trazendo a tradição das grelhas, das lenhas perfumadas, dos cortes diferentes e de sua civilidade. A *parrilla* avança e conquista espaço e adeptos. Acreditamos que esta técnica e este espírito de assar vai se consolidar, com aceitação plena, e em breve vai se espalhar Brasil afora.

É FOGO

Preparar o fogo para o churrasco é um privilégio essencialmente masculino. E não tem mistério nenhum. É simples, fácil e só requer alguns cuidados.

O primeiro dilema é decidir se vamos usar carvão ou lenha. O carvão é mais prático e oferece menos riscos para o assador. A lenha tem mais charme, mostra mais domínio da técnica e dá um cheirinho...

No Uruguai e na Argentina, que, devemos reconhecer, são os reis do churrasco, a preferência é total pela lenha. Da mesma forma acontece no interior do Rio Grande do Sul, em especial na área da fronteira. Mas, a rigor, devemos destacar que a lenha, na verdade, é usada mais para produzir a brasa, na hora, ao vivo. Se você se decidir pelo uso da lenha precisa tomar alguns cuidados. Primeiro, que tipo de lenha? Aqui já entramos num terreno de grandes discussões filosóficas, como quase tudo que envolve o nosso churrasquinho de domingo. Há defensores para a acácia, para o maricá, para a coronilha, para a... Certamente você vai escolher a lenha mais dura e que produza mais caloria, entre aquelas disponíveis em sua região. REGISTRE BEM: O QUE ASSA A CARNE É O CALOR E NÃO A CHAMA. E estes são os segredos da lenha a ser escolhida: a quantidade de caloria, o tempo gasto a se consumir, a produção ou não de fumaça e, muito importante, o cheiro que vai se desprender da madeira ao queimar. Lembre-se que a carne vai absorver este cheiro, que poderá ser agradável ou não, conforme a lenha. É o caso de alguns tipos de pinho que, com o calor, soltam uma resina que, por sua vez, vai perturbar o gosto da carne. Da mesma maneira, você deve se precaver contra algumas lenhas que produzem chama alta, queimam rapidamente e, pior, quase não produzem calor. É o caso de algumas madeiras brancas, como, por exemplo, o *Pinus eliotti,* alguns tipos de eucalipto e mais outras que tais, de miolo mole.

Se você decidiu-se pela lenha, parabéns. Porém, tome alguns cuidados. Primeiro, conscientize-se que nunca será a chama, e sim a brasa viva, que vai assar o seu churrasco. Portanto, não exponha a carne diretamente sobre o fogo. A melhor técnica é a seguinte: faça o fogo em um lado da churrasqueira, deixe a lenha queimar um pouco, depois bata para soltar as brasas e, aí sim, puxe a brasa para a sua picanha.

Atenção: se a lenha produzir uma chama muito alta, atingindo a carne, tome uma providência imediata, sob pena de "sapecar" o churrasco, como se diz aqui no Rio Grande do Sul. Então, utilize o seu espalha-brasa e bata de novo na lenha separando as brasas mais vivas. Se ainda assim a chama persistir, afaste a lenha assassina para um canto, virando-a de lado, até diminuir seu ímpeto. Ou, se a sua churrasqueira permitir, mude a posição dos espetos, sem afastá-los muito da área de calor. Uma coisa que não deverá fazer é jogar água, por menos que seja, sobre o fogo. Primeiro, isto diminui a concentração de calor e, pior ainda, desprende uma fuligem branca que ao subir grudará nas carnes. Como se vê, o churrasco à lenha exige uma atenção redobrada.

Se você optou pelo carvão, as coisas são mais fáceis. O único problema é que nunca se sabe a qualidade do carvão até que ele vá para o fogo. Ainda assim, é fácil corrigir a falta de caloria ou o consumo excessivamente rápido.

Basta ir acrescentando algumas pedras a mais, à medida que o fogo vai enfraquecendo. Por isto, o churrasqueiro prevenido tem sempre um saco de carvão na reserva.

A boa técnica é que se forre o fundo da churrasqueira com uma camada de cerca de 20 cm de carvão. Se possível, não ocupe toda a área com seu braseiro. Faça o fogo no centro ou, melhor ainda, apenas em um lado da churrasqueira. Isto lhe permitirá deixar uma sobra de espaço para colocar algum espeto que ficou pronto antes do tempo, ou os espetos reservas de prontidão, ou atrasar alguma carne. Lembre-se que junto às paredes é onde se concentra mais calor, portanto, embora fora do foco central, a carne continua assando ou, pelos menos, perdendo o "suco". Logo, não a deixe abandonada.

Uma dica muito importante. Logo que começa a queimar, o carvão desprende muito gás carbônico, que você identificará pelo cheiro característico, e que em grande volume se torna venenoso e se impregnará à carne. Portanto, já adiantamos que ainda não é a hora de expor a carne ao fogo. Devemos esperar que desapareça esta fumacinha assassina e que as brasas se mostrem bem vermelhas.

E afinal, como acender o fogo?

É rápido e fácil. Se você preferiu a lenha, deverá escolher alguns gravetos, cascas, lascas, galhos bem finos e montar uma minifogueira junto a um pedaço de lenha bem seco e de preferência que tenha pontas finas e irregulares. Pode reforçar o esquema com algumas buchas de jornal amassado. É preciso um pouco de calma e esperar que o fogo pegue bem na madeira para, aí então, abanar com vigor. Depois é só organizar as lenhas, alternando pedaços grossos e finos e cuidando para não abafar. Obviamente, você selecionou uma lenha bem seca nos dois sentidos, isto é, nem verde, nem úmida.

Se você preferiu o carvão, é mais fácil ainda, basta um copo de álcool. **PORÉM, ATENÇÃO, MÁXIMA ATENÇÃO: ÁLCOOL E FÓSFOROS REPRESENTAM PERIGO.** Assim, guarde a embalagem longe da churrasqueira e despeje o álcool lentamente em três pontos da cama de carvão, para produzir três focos iniciais de fogo. **CUIDADO, AFASTE-SE PORQUE DÁ UMA PEQUENA EXPLOSÃO.** Depois que algumas pedras já estiverem em brasa, você pode abanar para oxigenar. Logo depois, espalhe as brasas misturando o carvão. Abane mais algumas vezes, confirme que o braseiro está bem vermelho, e então já poderá colocar os primeiros espetos – atenção: com a gordura para baixo! – e a partir daí a própria gordura que pingar vai manter o fogo ativado. Se na hora H se der conta que está sem álcool, pode usar os gravetos como vimos acima ou fazer três buchas de jornal amassado, cobrindo-as com lascas de carvão mais finas.

Atenção, perigo! Duas observações, óbvias, porém muito importantes. Se depois da primeira tentativa o fogo não pegou, esqueça o álcool e utilize as buchas de jornal para começar de novo. Não jogue mais álcool, porque pode haver um foco abafado e o fogo vem direto em suas mãos. E mais, nunca – nunca mesmo – use solventes, querosene, tíner, gasolina etc. para acender o fogo. Além do risco, seriíssimo, de explosão, a combustão vai empestar as carnes e a churrasqueira, estragando este e os próximos churrascos. Evite acidentes, siga corretamente as instruções acima.

E qual a quantidade de carvão que se precisa para um bom churrasco?

Depende. Depende da churrasqueira – algumas queimam mais que outras –, das carnes escolhidas – frangos, por exemplo, demoram mais tempo para assar –, se é inverno ou verão, dos cortes das carnes, da habilidade do assador etc. Mas, em princípio, podemos dizer que um saco de carvão de boa qualidade, de 5 quilos, é suficiente para o churrasquinho dominical para um grupo de dez pessoas. Mas é claro que você não vai querer se arriscar e nem ficar o tempo todo com medo que falte carvão. Assim, é prudente ter sempre um ou dois sacos na reserva técnica. Lembre-se que o bom churrasco exige sempre um fogo forte, crepitante. Brasa vermelha e viva é um dos segredos.

E aqui vai uma dica importante. Deixe tudo preparado, mas só acenda o fogo quando seus convidados chegarem. Meia hora de carvão queimando é muito tempo e é mais fácil apressar do que retardar o churrasco.

Terminado seu churrasco, deixe o fogo apagar por si na churrasqueira. Porém, se você acendeu o fogo no campo, não vá embora sem ter certeza de que o apagou e bem. O melhor é jogar bastante água ou cobrir bem com areia, até enterrar as brasas. Lembre-se que o ar livre e o vento mantêm o fogo ativo e muitos incêndios nas matas começam assim, com fogo mal apagado. Exerça sua responsabilidade.

Ah! Não se esqueça de seus vizinhos.

Logo que começar o fogo, jogue sobre as brasas uns pedaços pequenos de sebo ou gordura. O cheirinho de churrasco vai se espalhar pela vizinhança e despertar uma saudável inveja.

A CHURRASQUEIRA, TEMPLO DAS CARNES

A churrasqueira é o altar onde vamos prestar nossas homenagens às carnes.

Hoje, a arte do churrasco atingiu tal requinte que a churrasqueira passou a ocupar os espaços mais nobres da casa moderna. Já vai longe o tempo em que estava relegada a um lugar secundário. Era coisa de homens, lá longe, nos fundos, junto à garagem, um canto perdido do pátio, um assador solitário e isolado.

Hoje, mais do que alimentar, o churrasco cumpre sua função de elemento agregador da família, dos amigos. E a churrasqueira com sua luz mágica, seu calor, o brilho das carnes e suas promessas, exerce uma atração que, sabe-se lá, deve remontar a alguma reminiscência do tempo dos homens das cavernas. Nas coberturas, nas sacadas, nos jardins planejados, embutida em um canto do living, integrada à cozinha, junto à piscina, cavada no chão como uma valeta, improvisada com um tonel cortado ao meio, no fundo de uma obra com alguns tijolos empilhados lado a lado, de qualquer forma que você a conheça, sempre reconhecerá sua atração, seu sentido de comunhão que ultrapassa a sua aparente única funcionalidade. Você já reparou que junto à churrasqueira as pessoas estão sempre rindo?

Assim, quando você for construir sua churrasqueira pense nestes dois itens, a funcionalidade e o espírito social que deve presidi-la. Se possível, entregue esta responsabilidade para um arquiteto e, de preferência, que seja também um amante das carnes.

A boa churrasqueira deve cumprir bem alguns requisitos. Primeiro – e o mais importante de tudo, sob pena de torná-la inutilizável – é que não bote fumaça para fora pela frente. A seguir, deve manter o calor, ser adequada ao tamanho da família e ao uso contumaz, permitir o fácil manuseio dos espetos, aceitar o uso de outros equipamentos, como a grelha e a chapa, permitir uma boa limpeza, integrar-se harmoniosamente no ambiente.

E como saber a capacidade de uma churrasqueira?

É simples. Você mesmo pode fazer esta conta. Tomemos como exemplo uma construção, bem comum, com 1m de boca, 50cm de altura e 50cm de profundidade. Neste caso, podemos enfileirar, sem prejuízo da qualidade do serviço, dez espetos com três peças de carne cada um. Ora, isto dará 30 peças de cerca de 500g, o que permitirá atender, sem sustos, a cerca de 25 pessoas. E sempre lembrando que estamos usando apenas uma altura da churrasqueira. Se usarmos o "segundo andar", trocando a posição dos espetos periodicamente, podemos atender a cerca de 40 pessoas. O que de certa forma é um exagero e não representa o uso comum do equipamento.

No planejamento e construção de sua churraqueira há alguns itens que devem ser levados em consideração.

✔ A altura da chaminé externa é fundamental para uma boa tiragem de fumaça. Assim, verifique o que há por perto. Se estiver em um canto, imprensada entre casas mais altas ou edifícios, deverá ser mais elevada. Se estiver em um lugar mais aberto, pode ter menos altura. Em qualquer caso, deverá ultrapassar, ao menos, a cumeeira da casa, sob pena de o rebojo do vento empurrar a fumaça de volta.

✔ Em princípio, a chaminé deve começar rente a parede do fundo, onde se concentra mais calor, o que lhe permitirá puxar melhor a fumaça por dentro.

✔ Por dentro, a chaminé deve ter uma abertura de boca de, no mínimo, 40cm. Depois, acima do telhado, pode até afinar, sem maiores problemas.

✔ O teto, por dentro, deverá ter a forma piramidal em direção à boca da chaminé, o que já facilita a tiragem da fumaça.

✔ Antes de começar a construção, certifique-se de que o fundo da churrasqueira não ficará colado à parede do vizinho. Se isto ocorrer, é certo que o calor do fogo vai se transmitir, rachar a parede, danificar a pintura etc. Evite incomodar e incomodar-se. Se for o caso, a solução é construir a parede do fundo cerca de 15cm afastada da parede divisória, o que permite a circulação do ar e impede a passagem do calor.

✔ As paredes internas devem ser revestidas de tijolos refratários, que mantêm o calor e têm muito maior durabilidade.

✔ A parede do fundo pode ser forrada com uma fileira de tijolos de 21 furos, de boa qualidade, levemente inclinados para trás, o que permitirá a colocação dos espetos numa variedade muito grande de posições.

✔ Pode-se instalar uma lâmpada lateral por dentro. Isto permitirá examinar as carnes sem movimentar os espetos. Para maior durabilidade use um bocal de louça, refratário.

✔ Para melhor aproveitamento, calcule a fundura da churrasqueira, da base até a linha dos espetos em cerca de 50cm. Mais alta que isto, lhe fará gastar carvão à toa e demorar mais a assar. Menos que isto, lhe dará pouca margem de manobra com os espetos.

✔ Nas bordas laterais da boca da churrasqueira deve-se deixar, já embutidas durante a construção, duas esperas em forma de U, ou de L invertido, para que se possam colocar dois ferros, retiráveis a qualquer momento, e com isto aumentar a capacidade de produção.

✔ Por uma lateral, rente ao chão da churrasqueira, deve-se deixar uma portinhola de ferro, o que permite varrer, raspar o fundo, para limpeza do borralho.

✔ Combine com seu arquiteto o uso adequado de material. Lajes de concreto, ferro; alguns tipos de tijolos tendem a trincar, dilatar-se e provocar rachaduras.

✔ Se achar conveniente, preveja a colocação de um motorzinho para o uso de espetos giratórios.

✔ Alguns *gourmets* mais antenados já estão planejando uma churrasqueira que permita, como uma alternativa, a colocação de um minifogão, a gás. É mais uma forma de otimizar o uso do equipamento.

Modelo de churrasqueira padrão segundo o arquiteto Voltaire Danckwardt.

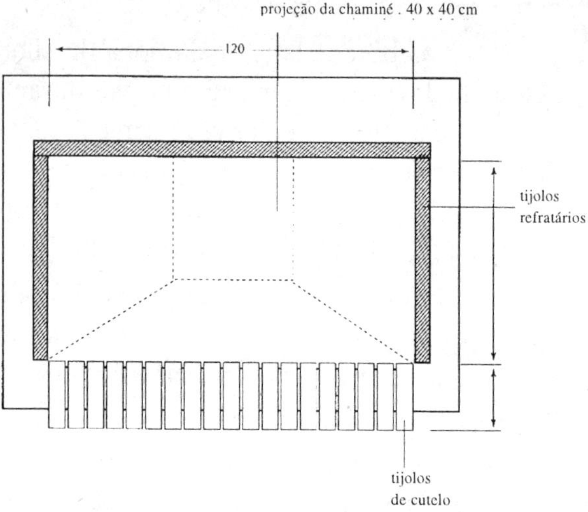

PLANTA BAIXA

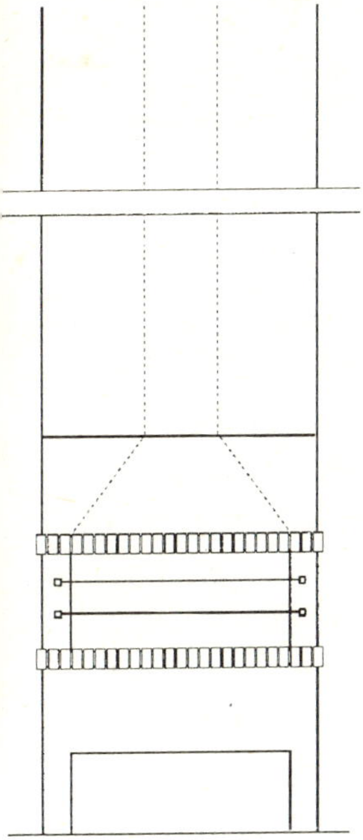

VISTA FRONTAL

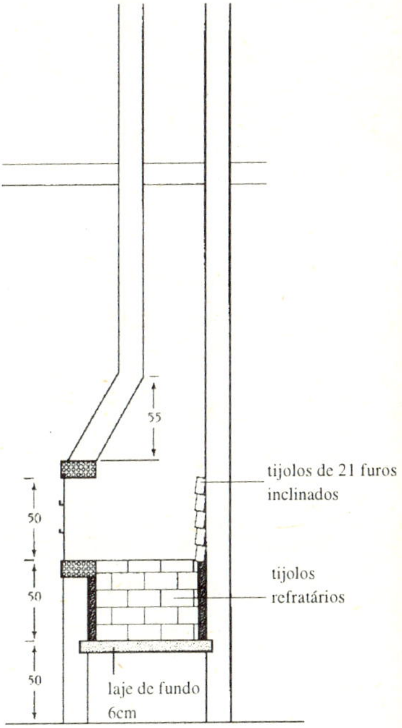

VISTA LATERAL

Equipamentos

Se você pretende se dedicar às artes do churrasco, precisa se equipar. Todo assador tem o seu equipamento, nem que isto se reduza a uma modesta faca e um espeto de pau. Ou uma coleção de facas, espetos artesanais, talheres especiais, tábuas com *design*, avental de grife etc. Vejamos o que você precisa para ser o assador melhor equipado do pedaço. Organize-se e se equipe. Mas não se iluda, nada substitui o talento.

Mesa: De preferência rústica, que combine com a filosofia de simplicidade que deve presidir os embates com a carne. Não esqueça: no mínimo 90cm de largura para caber os pratos e travessas frente a frente e uma altura do chão até o tampo que permita cruzar a perna. E, se possível, grande, para caber todos os amigos.

Talheres: São importantes para o sucesso do assado. Já imaginou faca sem fio? Portanto, sempre tenha facas de serrinha, de boa qualidade, especiais para churrasco. E cuide para que possam ser levadas à máquina de lavar, sem prejuízo do aspecto.

GAMELAS: Tipicamente brasileiras e apropriadas para o churrasco. São ótimas para salgar as carnes, deixar alguns cortes em vinha d'alho, servir as frutas etc. E também para servir o churrasco. Neste caso, escolha aquelas de madeira dura, não porosa, para que não se perca o suco da carne. Confirme: não há churrasqueira sem gamela.

TÁBUAS OU PRANCHAS: São importantíssimas para o assador trabalhar as carnes e servi-las. Todo assador tem também sua prancha de estimação, pesada e firme. E para servir a mesa não há nada mais simpático que uma boa tábua, com um sulco à volta, para evitar que o suco da carne derrame. A tábua faz parte do clima de sofisticada simplicidade que caracteriza um churrasco servido com afeto. Com o tempo sua prancha ficará cheia de marcas de cortes de faca, o que só lhe aumenta o charme, provas vivas dos bons combates pelas carnes.

PRATOS: Os pratos de madeira combinam com a rusticidade elegante do ambiente de churrasco e acrescentam um charme a mais. Se decidir-se por algo mais convencional, prefira então os pratos de louça, de preferência branca, que destacam as carnes e suas nuances de cor. Cuide-se com os pratos de cerâmica eles com freqüência, lascam. Se possível, evite os pratos de papelão, heresia que depõe contra a nobreza das carnes.

AVENTAL: Além de útil, vai lhe acrescentar um charme. Se ainda não ganhou no dia dos pais ou dos namorados, não se preocupe que logo vai chegar sua hora.

FERRO DE ESPALHAR BRASAS: Embora importante e sempre usado, é o instrumento mais improvisado em todas as churrasqueiras. Tudo serve, menos os espetos, que estragarão a ponta. O melhor é fabricar um, com um simples ferro de obra com a ponta dobrada em L ou T.

ABANADOR DE BRASAS: Sim, também se precisa de um abanador, improvisado, claro. O mais comum é uma pazinha de lixo, de metal, nova, claro. É muito necessária nos primeiros momentos do fogo. Ou, quem sabe, um velho fole de lareira?

COLHER-PINÇA PARA BRASAS: Está aqui um instrumento que ainda não existe no mercado.

É necessário para apanhar as brasas e trocá-las de lado, aumentando ou diminuindo o fogo.

GARFO, FACA E COLHER DE CABO LONGO: São necessários para que se possa trabalhar as carnes, tirando uma lasca para provar ou colocando os temperos, sem precisar tirar o espeto do fogo. É necessário que a faca seja bem afiada, para não derrubar os espetos.

E temos também os espetos e a grelha, que, por sua importância, veremos adiante, em separado. O mesmo acontece com as facas, que abordaremos em seguida.

FACAS & CIA.

A faca do churrasqueiro é um objeto sagrado, um ícone.

Sim, todo churrasqueiro que preza seu ofício tem uma faca de estimação, cheia de histórias e significados. Prepare-se para ter a sua.

Você pode escolher entre uma faca artesanal ou uma faca comum, industrial. Há muitas fabriquetas e oficinas de fundo de quintal que produzem facas pelo método mais tradicional. Temos então as lâminas feitas de aço de molas, os cabos trabalhados na madeira ou chifre ou osso. Em geral são muito bonitas e tem um toque especial, com seu acabamento personalizado. Não lhe faltará oportunidade de escolher uma boa faca, feita em casa. Porém, considere que a produção caseira apresenta também alguns problemas. São facas de manutenção mais difícil: perdem o fio com facilidade, as lâminas com freqüência enferrujam, o aspecto geral torna-se envelhecido com o uso. Claro, nada que não se possa resolver com mais cuidado e atenção.

E ultimamente surgiram alguns comerciantes, orgulhosos do seu ofício, que importam as lâminas das melhores fábricas da Alemanha e aqui acrescentam o cabo com as mais nobres madeiras. São facas de grande efeito, combinação de alta tecnologia e bom gosto artesanal.

As facas convencionais apresentam algumas vantagens. São boas de corte, fáceis de afiar, mantêm o fio, a manutenção é mais simples.

E como escolher a melhor faca? De preferência oriente-se com seu açougueiro. Examine e teste bem a peça em que está de olho. Verifique a empunhadura, o peso, o cabo, o tipo dc lâmina, a empatia que deve se estabelecer. Veja bem o tamanho da faca. Nem grande e ncm pequena demais. Uma medida boa é cerca de 35cm x 4cm de lâmina.

Terminados os trabalhos, lave sempre, muito bem, sua faca. Use para isto palha de aço com sabão e depois uma esponja também ensaboada. Cuide bem da intersecção cabo/ lâmina, onde sempre se acumula gordura. Se quiser, use água morna, mas nunca, nunca mesmo, use água fervendo, coisa que a faca não gosta e que lhe tira o fio. Seque bem e só aí guarde na bainha, longe das crianças e dos curiosos, é claro.

Algumas facas precisam ser levadas periodicamente ao afiador, para abrir ou afinar o fio. Neste caso, cuide para que não fique afiada demais, como uma navalha, porque sempre representa algum perigo.

A tarefa de afiar você também pode cumprir em casa, a contento e com prazer. Para isto, precisa de uma boa pedra de afiar e de uma chaira.

A pedra de afiar é um pedaço de quartzo ou arenito silicoso, altamente abrasivo. Em geral apresenta dois lados para se trabalhar, um mais grosseiro e outro mais fino, digamos. Se a sua faca foi muito maltratada, comece pelo lado mais grosso. O comum para um churrasqueiro é usar apenas o lado fino. Então, põe-se a pedra sobre a mesa, molha-se um pouco, de tempos em tempos, e passa-se o lado do corte para cima e para baixo, em movimentos firmes e ritmados. É o tal de amolando a faca.

A chaira, como sabemos, é um cilindro áspero, em forma de punhal. Segura-se com a mão esquerda e passa-se a faca para cima e para baixo, de um lado e de outro, com delicada firmeza. E ritmo, claro. Na sua próxima ida ao açougue observe a habilidade e elegância com que o açougueiro manobra faca e chaira.

Faca, chaira e pedra de amolar são os três elementos dos quais o assador é mais zeloso e ciumento. E você certamente não fugirá da regra.

Grelha x espeto

Uma nova controvérsia já se instala entre os adeptos do churrasco: a grelha ou o espeto?

A grelha é típica e tradicional entre os nossos vizinhos argentinos e uruguaios, principalmente. Os que se deixam vencer pelas tentações das carnes e conhecem o *Mercado del Puerto,* em Montevidéu, certamente nunca esqueceram aquela visão das grelhas fumegantes, as carnes brilhando sobre o calor das brasas vivas, o cheirinho de lenha do mato, a fumaça revolvendo-se em nuvens contra o teto, os raios do sol filtrados pelas janelas altas, o vozerio, a mistura de sabores e odores, a alegria que se irradia a partir de cada grelha, o ritmo do *camdonbe*. Uma orgia gastronômica.

Embora o tradicional churrasco de espeto ainda seja o mais comum pelo Brasil afora, a verdade é que a grelha já começa a arregimentar novos seguidores. Principalmente a partir das churrascarias e restaurantes, onde encontra sua maior eficiência.

A característica principal da grelha é permitir que se trabalhe com vários tipos de carnes ao mesmo tempo. E também facilitar o trabalho com outros complementos do churrasco, que também podem ser grelhados, como os pimentões, tomates, cebolas, batatas, lingüiça, morcilha, matambre recheado e mais queijos, bananas etc. Outra vantagem é que evita o desperdício de carnes, já que o assador poderá atender individualmente os comensais e trazer à mesa os cortes de acordo com os pedidos.

Se você decidir-se por usar a grelha, deverá, para maior fruição, mudar sua escolha de carnes, de cortes, de tempos de assamento etc. Em primeiro lugar, a grelha favorece as carnes sem osso em detrimento das largas costelas, por exemplo. Assim, as carnes mais recomendadas para a grelha são a picanha, o contrafilé, a alcatra, o filé *mignon*, a maminha, a chuleta, lingüiças, salsichões. E também o assado de tira, aquela costela com o osso cortado fino, cerca de 5cm, que é levada à grelha deitada, digamos, e que é o corte da moda. A grelha aceita, e até prefere, que as carnes sejam cortadas em postas, o que permite um assamento mais controlado e, se for o caso, abrevia o tempo de preparo. Há que se cuidar, apenas, para não transformar todos os cortes em bifes. O churrasco, pela sua própria essência, exige no mínimo uma espessura de três dedos, uma maneira de manter o suco interno da carne.

E onde compro a minha grelha?

Não compre. Faça a sua, personalizada e adequada a sua churrasqueira. É muito fácil. Basta medir o comprimento e a largura e ir ao serralheiro, escolher uma tela tipo otis – atenção, malha fina – e mandar fazer uma moldura com baguetes de ferro. É preciso deixar duas guampinhas para apoiar-se na parede do fundo, e na frente, deixe outras duas pontas no comprimento certo para seu manuseio. Para melhor acabamento, pode embutir um cabo de formão, que você encontrará facilmente em qualquer ferragem de bairro. Recomenda-se não ocupar toda a área da churrasqueira. Convém deixar um vão lateral livre, o que lhe permitirá trabalhar no carvão sem mexer com as carnes.

Se você optou pelo uso do espeto, o que é o mais comum, precisa tomar alguns cuidados.

Antes de mais nada, seu espeto deve ser de aço inoxidável. É mais caro que o comum, porém muito mais durável, mais fácil de limpar e, principalmente, não solta resíduos metálicos junto à carne. Outro fator importante é o comprimento adequado à sua churrasqueira. Espetos muito curtos esquentam demais o cabo. Muito compridos, atrapalham a área de circulação do assador.

Para melhor desempenho de suas tarefas churrasquíferas você deverá ter, no mínimo, três tipos de espetos: finos, largos e duplos. Os finos serão para as lingüiças, coraçõezinhos de galinha, galetinhos etc. Cortes mais pesados, como um valente pedaço de costela com osso, exigem um espeto mais largo e mais firme. E os espetos duplos servirão para uma pesada picanha, um costilhar inteiro, um belo pernil de ovelha, uma larga manta de vazio que precisa ser estendida sobre as brasas etc. Mas, na hora do aperto, não há nada que a experiência não lhe ensine a improvisar e resolver.

Encerrados os trabalhos, não se esqueça de limpar bem os espetos. É melhor fazer este serviço no fim de um churrasco, do que antes do próximo. Até porque, se não o fizer, a gordura e o sal vão trabalhar contra o seu patrimônio. Assim, esfregue os espetos vigorosamente com um esfregão de aço para tirar as sobras de carnes. Depois, passe a palha de aço com bastante sabão. E por fim, use uma esponja também ensaboada. E então, não ficaram brilhando?

Se você estiver no *camping*, no piquenique, na fazenda e lhe bater uma compulsão pela carne e quiser improvisar o legítimo espeto de pau, lembre-se que algumas árvores são venenosas – é o caso da popular espirradeira – e outras, perigosas, como é o caso da taquara, que solta felpas finíssimas. Cuidado!

Espetando na carne

Espetar a carne exige alguns cuidados e alguma técnica. Escolhido o espeto adequado para o corte, o procedimento mais comum é o seguinte: segura-se a carne, com a mão esquerda apoiada sobre a mesa, e enfia-se o espeto no sentido do comprimento. Uma outra maneira é segurar o espeto de pé, sobre a mesa, e forçar a carne para baixo, o que sempre representa algum perigo e que não aconselhamos. Em alguns casos, o espeto atravessa a carne por dentro em toda a sua extensão. É o caso do lombinho de porco, uma grossa costela, o filé *mignon,* uma boa tira de alcatra etc., que já estão na forma certa, esperando o espeto. Em outros cortes, mais compridos e mais finos, o espeto sobe e desce, costurando, entre os ossos, para manter a carne firmemente exposta. Da mesma maneira, largos pedaços de costela, e também o costilhar inteiro, por seu próprio peso, exigem um espeto duplo, reforçado, que deve passar por cima e por baixo do osso.

Uma picanha inteira, grande e pesada, também precisa de um espeto duplo, para que fique aberta sobre as brasas, sem abas caindo pelos lados. E mais ainda um pedaço de vazio. O mesmo acontece com um robusto pernil de porco ou de ovelha. Nestes casos, deve-se ter o cuidado de deixar a parte mais grossa para o fim do espeto, já que ficará mais perto da parede do fundo, onde se acumula mais calor. Já a mesma picanha, cortada em postas, será bem atendida com um simples espeto largo, que passará por dentro da carne, e que dará conta de três ou quatro medalhões.

Galetos e frangos pequenos exigem espetos mais finos, pela própria delicadeza das carnes. No caso dos galetos, geralmente cortados em pequenos pedaços, deve-se ter o cuidado de passar o espeto entre e junto aos ossos, para maior firmeza. E os mesmos galetinhos preferem os espetos chatos, em vez dos redondos, para evitar que a carne gire sobre o próprio espeto e se exponha sempre do mesmo lado.

O assador experimentado, quando faz a sua escolha de carnes no açougue, já leva em consideração o aspecto que o espeto vai apresentar quando pronto. Não se esqueça que em culinária, como em quase tudo, aliás, o visual é importante. Até se diz que se começa a comer pelos olhos. Assim, devemos ter o cuidado de apresentar um espeto apetitoso. O contrário também é verdadeiro, o mau aspecto espanta o desejo. É o caso de um espeto cheio de gorduras, pelancas pelos lados, cortes irregulares, pontas de carnes etc. Da mesma maneira, um espeto inadequado pode enfear o produto. É o caso, por exemplo, de delicados coraçõezinhos atravessados, quase rasgados, por um grosso e largo espeto, que melhor faria se estivesse junto a uma pesada costela. O assador não pode se descuidar destes detalhes. A reação dos comensais é o primeiro sinal de que a carne está bem apresentada.

SALGANDO A PRÓPRIA CARNE

O sal. Tão valioso que em certa época chegou a representar o pagamento do trabalho do homem, o salário. E na origem do nosso churrasco está o sal grosso, usado na alimentação do gado e para salgar as carnes, preparar o charque para exportação. E hoje o sal é motivo de sadia discussão entre os assadores.

Salga-se a carne antes de espetar? Depois de espetar? Durante o churrasco? No fim, quase na hora de servir? Usa-se somente o sal grosso? Pode-se usar o sal fino? Uma polêmica, isto de salgar assim ou assado (!).

Façamos o mais simples e mais prático, que o resultado é o que importa. O mais simples é, um pouco antes de espetar, colocar toda a carne na gamela e esfregar o sal grosso com as mãos, fartamente. Inclusive as partes com osso. Não se assuste que o eventual excesso não será absorvido. Aí é só levar os espetos ao fogo e não se preocupar mais.

Se você deixar o churrasco andar um pouco, para depois colocar o sal, verá que aí já se formou uma leve crosta em volta da carne, o que impedirá a sua absorção. Será como jogar água nas costas do pato.

E para tirar o sal? Mais fácil ainda. Antes de servir, segure o espeto no ar, ainda dentro da churrasqueira, e bata algumas vezes com as costas da faca.

E o sal fino, o sal de cozinha? É um perigo mortal para o churrasco. Em geral gruda na carne e não sai mais, e o risco de deixá-la excessivamente salgada é muito grande. É claro que, numa emergência, e com todo o cuidado, poderá usá-lo. Inclusive, houve uma época em que era costume fazer-se uma espécie de salmoura, com o tal sal fino, e com ela borrifar as carnes de tempos em tempos. A moda passou, mas a solução existe.

Em resumo, faça o mais prático: use o sal grosso que não tem erro.

E se houver entre os comensais alguém que, por motivos de saúde, não possa ingerir sal? É fácil. Basta preparar um espeto especial, em separado, e temperá-lo com um pouco de vinagre, talvez alho amassado, e, na hora de servir, apresentar uns gomos de limão.

Uma outra solução para substituir o sal,

sem perda de sabor, é preparar um molho especial. Siga a receita.

Ingredientes: 1 dente de alho; meio limão; 1 tomate pequeno; 1 cebola média; salsa e cebolinha verde a gosto; uma colher de sopa de azeite.

Modo de fazer: Amasse bem o alho, pique a cebola, o tomate e o tempero verde. Coloque tudo numa pequena cumbuca ou molheira, esprema o limão, acrescente o azeite, misture bem, aguarde meia hora para firmar o gosto.

O MAPA DA MINA –
OS CORTES DO BOI

O bom churrasco começa no açougue. E na véspera, ainda por cima. E é verdade, a correta compra da carne é meio caminho para o sucesso. É preciso comprar bem.

Simplificando, podemos dizer que encontramos quatro tipos de carne em oferta: fresca, resfriada, maturada e congelada. A carne fresca corresponde ao boi que foi abatido hoje ou ontem, digamos, e veio direto para o açougue. Ao contrário do que se pensa, é uma carne dura e que não se presta para o churrasco. O *rigor mortis* produz um enrijecimento das fibras que endurece a carne. A carne resfriada vem de um animal recém-abatido, porém ficou em refrigeração por 24 horas. O frio, temperatura e tempo adequado, amacia a carne e a deixa em condições ideais para o churrasco. A carne maturada, amadurecida, é a carne que foi embalada a vácuo, sob refrigeração, por cerca de 6 a 10 dias; é super macia e, portanto, a mais indicada para nosso espeto. Já a carne congelada, ficou numa temperatura abaixo de 18ºC e por muito tempo, muitas vezes de uma safra para outra. Isto exige que seja descongelada com todo o cuidado sob pena de tornar-se imprestável para o churrasco. É complicada para o assador que, para um bom resultado, precisa mais de sorte do que de técnica. E, pior, só saberá se acertou ou errou ao servir o churrasco.

É sabido que nem todas as carnes se prestam para o churrasco. Assim como algumas carnes servem para bifes, outras só para a panela, ainda algumas para o forno e mais outras, coitadas, só para guisados, há aquelas, nossas preferidas, que servem para o churrasco. É preciso respeitar a vocação das carnes. Conhecer para selecionar. E para melhor conhecer, vamos percorrer os caminhos desta mina.

Cortes preferenciais para o churrasco: fraldinha, filé *mignon*, contrafilé, picanha, alcatra, maminha, chuleta e costela.

O mapa do boi*

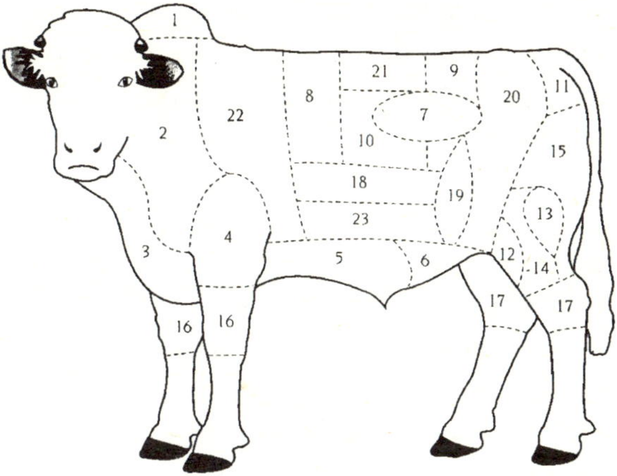

1. cupim
2. pescoço
3. peito ou granito
4. paleta ou braço
5. ponta-de-agulha
6. vazio ou fraldinha
7. filé *mignon*
8. capa de filé
9. contrafilé ou filé curto ou lombo desossado
10. filé da costa
11. picanha
12. patinho
13. chã-de-dentro ou coxão mole
14. chã-de-fora ou coxão duro
15. tatu ou lagarto
16. músculo dianteiro
17. músculo traseiro
18. costela
19. ponta de alcatra ou maminha
20. alcatra
21. entrecote ou chuleta
22. acém
23. aba de filé

---

* Reproduzido do livro *A arte do churrasco* do mesmo autor, Editora Ática.

Picanha

A picanha é um corte que entrou no mercado na década de 70, mais ou menos, e logo assumiu a liderança das preferências dos churrasqueiros. O corte é facilmente reconhecível no açougue por seu formato triangular, como um grande coração, e principalmente pela camada de gordura que cobre um dos lados, e que não deve ser retirada, na hora de assar, como sabemos. O lado de baixo, digamos, vem coberto por uma fina nervura prateada que, aí sim, devemos retirar. Basta dar um pequeno pique com a faca bem afiada e depois ir puxando e mantendo a faca rente à nervura. É uma carne macia, de fibras longas, muito suculenta e de gosto acentuado. Seu melhor momento é quando preparada ao ponto ou, preferem muitos, malpassada. De qualquer maneira, nunca bem passada, sob pena de ficar dura. A delícia maior é a chamada picanha cor-de-rosa.

Por sua própria forma a picanha pode ser assada inteira ou cortada em grossas postas. Depende de seu gosto e de sua pressa. É claro que inteira demora mais a ficar pronta. E, ao contrário, duas grossas postas, com a forma de uma meia-lua, cercadas de sua tira de gordura, podem ficar prontas em menos de meia hora.

E mais, quando for ao açougue escolher sua picanha, dê preferência àquelas de menos peso. É sinal de que o boi é menor, portanto, mais jovem, portanto, de carne mais macia.

E a gordura, vai para baixo ou para cima?

Na hora de começar o churrasco, alguns assadores são assaltados por esta dúvida cruel. Muitos até dizem que põem a gordura para cima para que, ao liqüefazer-se, penetre na carne, amaciando-a. Até é possível. Mas manda a boa técnica e, mais que tudo, a recomendação de saúde, que se consuma menos gordura possível. Assim, o mais certo é começar com a manta de gordura virada para baixo, fazendo-a pingar sobre as brasas. Desta maneira, a carne começa a "cozinhar" de baixo para cima. Mais tarde, quando esta camada se mostrar crocante ou mesmo ressequida, ou seja, quando o excesso de gordura já se perdeu, é que se deve virar o espeto. Aí, em dez minutos está pronta para o deleite dos convidados.

Na hora de servir, a picanha exige um outro cuidado. Não se deve cortá-la em finas fatias, à guisa de rosbife. O mais certo é cortar em pedaços grossos para que, no prato, o comensal a corte em pequenos cubos. É a melhor maneira de manter o suco e apreciar o seu sabor.

Alcatra

A alcatra está tão associada à idéia de bifes que muitas vezes nos esquecemos dela para o churrasco. É uma carne macia, com pouca gordura e um nervo aqui e outro ali, fáceis de tirar. É tão boa que seus vizinhos, no boi, são a picanha, o filé *mignon* e o contrafilé. Se comprarmos uma peça inteira, cerca de 4 ou 5kg, devemos desmembrá-la em pedaços menores, de cerca de 1kg, para maior facilidade de manejo dos espetos. Não se deve cortá-la em partes muito finas, sob pena de ficar muita seca por dentro. A propósito, a alcatra é um corte que aceita ser bem-passado. Embora sua melhor maciez seja quando preparada ao ponto ou malpassada.

Se você se tornou um adepto da grelha, a alcatra é garantia de sucesso. Basta cortá-la no formato de grossos bifes, colocá-la sobre o fogo mais forte, não deixar passar do ponto, e em quinze minutos está prontíssima.

Maminha

A maminha é a ponta ou rabo da alcatra – *colita del cuadril*, no Uruguai – e se parece, à primeira vista, com a picanha; não tem a famosa camada de gordura, mas tem pelancas e gorduras espalhadas pelos dois lados, o que você vai tirar, a capricho, com sua faca bem afiada. Para assá-la siga as mesmas observações feitas para a picanha e a alcatra, podendo trabalhá-la por inteiro ou em postas, segundo seu tamanho.

Contrafilé

Ou filé curto ou lombo desossado ou *bife de chorizo,* no Uruguai e Argentina, onde é preferência nacional, o que já é sinal de alta recomendação. É uma carne tirada de debaixo do osso da chuleta, portanto, junto ao lombo do boi. No porco, é o que chamamos apropriadamente de lombinho. Estranhamente, a chuleta com seu osso tende a ficar seca e, portanto, mais dura. Porém, quando dessossada, produz uma carne extremamente saborosa, macia e suculenta. Para muitos assadores, entre os quais o autor modestamente se inclui, constitui-se na melhor das carnes, *la crême de la crême.*

No açougue, o contrafilé apresenta-se como uma peça comprida, com cerca de 2kg e muito entremeada de gorduras, sebo e nervuras. Não se assuste. É preciso limpá-la com cuidado. Primeiro, olhe bem para a peça e verá que há uma espécie de sobrecapa. Olhando mais ainda, perceberá que há uma fenda natural entre as duas partes da carne. Abra com a mão, puxando e separando uma da outra. A parte que saiu de cima, depois de limpa das gordurinhas, será espetada em um espeto duplo e também levada às brasas, de onde voltará rapidamente com total aprovação. A parte que ficou, mais volumosa, é a peça principal. Depois de bem trabalhada, apresenta-se completamente limpa de nervos e gorduras, com a forma de um cilindro um tanto achatado. Poderá então ser espetada por inteiro ou separada em forma de grossos medalhões, a seu critério. Em ambos os casos, recebe apenas o sal grosso e deve ser servida ao ponto ou malpassada.

Entrecote

A continuação, e às vezes com ele se confunde, do nosso contrafilé é o famoso entrecote. O corte e a própria palavra, *entrecôte*, entre as costelas, já indicaram sua origem francesa, garantia de requinte. De fato, o entrecote é reputado como uma das carnes mais saborosas, suculentas e macias. Não é por menos que é um dos cortes preferidos de nossos vizinhos argentinos e uruguaios.

Filé *mignon*

É o mais nobre dos cortes e se caracteriza pela maciez e pelo gosto levemente adocicado. No Brasil, é um corte mais comum com a forma de bife. Na Argentina e no Uruguai, que não cansamos de citar como exemplo, é um corte que freqüenta com naturalidade as grelhas e espetos.

Bem limpo de nervuras e gorduras, o filé pode ser espetado por inteiro ou dividido em medalhões. Se em vez dos espetos for destinado à grelha, seu melhor aproveitamento é em formato de um grosso bife. Embora sua maciez atinja o melhor momento quando servido ao ponto, o filé *mignon* aceita ser bem-passado. Da mesma maneira, é um corte que pode receber outros condimentos, além do prosaico sal grosso. Pode ser temperado com molho inglês, amanhecido em vinha d'alho, envolvido em tiras de bacon, amanteigado, esfregado com alho picado (cuidado!), recheado com gorgonzola etc.

Costela

É esta a carne emblemática do nosso churrasco. É a origem e continua sendo a preferência do gaúcho. E tanto que, quando se fala em churrasco, se pensa logo em costela e vice-versa.

Há dois tipos básicos de costela: a ripa e a minga. A ripa é a parte de cima, mais junto ao lombo do boi. Portanto, apresenta ossos maiores e mais largos, mais carne e, muitas vezes, uma grossa camada de gordura. Na hora de assar, apresenta a vantagem de a carne ficar protegida do calor direto pelo osso ou pela gordura. Conforme já vimos antes, fica a seu critério começar a assar com a capa de gordura para baixo ou para cima. Recomendamos, insistimos até, que a gordura seja exposta por primeiro ao fogo. Há um cuidado a mais: a ripa da costela não pode passar do ponto sob risco de secar, perder suco e endurecer a carne. Portanto, olho vivo no espeto.

A costela minga, minguinha para os mais íntimos, é tirada da parte de baixo, junto à barriga do boi. Apresenta ossos mais finos, algumas cartilagens, menos volume de carne e, segundo muitos, melhor sabor. Em boa parte vem envolvida pelo matambre, facilmente reconhecível pela sua cor rosácea, que você deve tirar e preparar em separado (ver pág.114), já que sua tendência é endurecer.

As costelas não são compradas quando se quer e sim quando se as encontram apetitosas e aproveitáveis. Dizemos isto porque é um corte que exige muito trabalho preliminar do assador. É preciso retirar as gorduras, nervos, pelancas, o matambre, até sebo. Com isto e considerando a parte do osso, perde-se cerca de 40% do peso. E o mais grave, às vezes o que sobra é pouco aproveitável. Portanto, a costela exige um olho clínico apurado, ainda no açougue. Um assador experiente decide-se pela costela a partir deste exame, pela empatia que deve se estabelecer. E mais, pelas próprias características que vimos acima, a costela é um corte tipicamente masculino. Logo, se estiverem muitas mulheres no seu churrasco, providencie também outros cortes, como alternativa. Para os mais comodistas já existe no mercado a costela desossada, que poupa a mão-de-obra e mantêm o sabor.

Uma outra opção é o chamado costilhar, ou seja, o quadro inteiro da costela. Neste corte vêm junto partes da ripa e da minga. Pelo próprio tamanho, e pela variedade de aspectos da carne, é um corte que exige um assador experiente e muita paciência, já que toma muito tempo de brasa. É um trabalho de cerca de quatro horas de fogo. Mas o resultado compensa. Um conviva traquejado nas manhas do churrasco saberá retirar os pedaços mais saborosos.

E a novidade do momento, e pelo que parece veio para ficar, é o assado de tira. Popular no Uruguai e Argentina, agora invadiu nossas churrasqueiras com total aprovação. Com já vimos, é a mesma costela, porém cortada mais fina, como uma tira. O próprio corte dificulta seu aproveitameno com os espetos, mas facilita e recomenda seu preparo na grelha, onde é posta de lado. Experimente. Se não encontrar em seu açougue, basta pedir ao açougueiro que divida uma costela tradicional, ao comprido, em três tiras, e bom apetite.

E qual o ponto certo para servir a famosa costela?

Ao ponto. Muito malpassada deixará algumas gorduras à mostra. Passada demais, tende a ficar dura. Portanto, deixe-a ao ponto e, principalmente, sirva bem quente. Alguns assadores mais espertos, cinco minutos antes de servir, baixam bem o espeto para oferecer a carne quentíssima, crepitando.

Mas e afinal, qual é a melhor escolha, a ripa ou a minga?

Como esta discussão não tem fim, dizemos apenas que a nossa preferência é pela minga. Porém... você decide.

Vazio

Conhecido também como fraldinha, é a projeção, sem osso, da costela minga. O vazio é uma carne muito saborosa, de fibras longas, e muito macia. Como nada nos vem de graça, apresenta dois pequenos problemas: à primeira vista a sua imagem no açougue não é das mais simpáticas. Mostra-se quase sempre envolta em pelancas, gorduras e uma espécie de espuma, o velo. E principalmente, já que vem da costela minga, também o vazio não pode ser comprado quando se quer e sim quando se acha o corte certo, bom para o fogo. E como sabê-lo? É simples. É preciso que seja alto, de carne grossa, espessa. Porque se assim não for, você terá dificuldade para espetar e a pouca espessura fará com que a carne se enrole, seque demasiadamente e, logicamente, fique dura. Portanto, escolha um pedaço com bastante carne, alta, à mostra. Limpe bem e prepare-se para os elogios.

Chuletas

Chuletinha, chuletão, bisteca, *T bone steak*, todos os nomes indicam o mesmo corte, extraído do lombo do boi, do porco ou da ovelha. Quando inteiro, chamamos de carrê; quando cortado em forma de T chamamos de chuleta, e quando desossado é o que chamamos de contrafilé, conforme já vimos, e sua continuação de *entrecôte*.

A chuleta é uma carne entremeada de gordura e, segundo os gaúchos, a proximidade com o osso a torna muito saborosa. A maior ou menor espessura com que o corte se apresenta vai estabelecer o tempo de assamento e a maior ou menor suculência. Portanto, prefira sempre o corte mais espesso. O ponto certo da chuleta é o malpassado, e o seu próprio formato já a encaminha mais para a grelha do que para o espeto. E se quiser apresentar uma gentileza a mais para seus convidados, asse-a com o osso e depois retire-o circulando a peça com a ponta da faca.

Nosso amigo, o porco

O porco ganha prestígio. Depois de ter sido execrado durante muito tempo, o porco assume um lugar importante na dieta dos brasileiros. Aliás, o que já acontece há muito tempo nos Estados Unidos e, principalmente, na Europa. Antes, havia muitas restrições ao excesso de gordura e ao mau aparelhamento dos abatedouros. Agora, tudo mudou. Frigoríficos modernos, vigilância sanitária e, felizmente, uma nova geração de porcos *light*, com muita carne e pouca gordura. E como também os preços caíram e a moda do rodízio se generalizou pelo Brasil afora, o porco – quem diria? – passou a ocupar um lugar de prestígio entre os assadores urbanos. Hoje em dia é difícil se participar de uma churrascada em que não apareça um corte suíno à mesa. E vamos a eles.

Lombinho

O mais nobre dos cortes porcinos. É muito (re)conhecido porque freqüenta comumente a cozinha, tanto na panela de ferro como no forno. Além de ser presença garantida entre os pratos de Natal. O lombinho é retirado de junto ao espinhaço. Ou seja, é o carrê desossado. O resultado deste desossamento é uma peça quase cilíndrica, macia e saborosa, porém entremeada e coberta de gordura. A nossa primeira providência será desbastá-lo de todo o excesso de gordura. Depois, como já está formatado, basta espetá-lo e levar às brasas.

O ponto certo de servir o lombinho é um desafio a mais para o assador. Deve estar bem-passado, como é exigência para as carnes suínas. Porém, há que se cuidar para que não se perca o molhadinho por dentro. E mais, deve se mostrar dourado e crocante por fora. Parece um pouco difícil, e o é, mas nada que não se aprenda depois de alguns erros.

O lombinho pode ser temperado só com o sal grosso, mas aceita de bom grado ser deixado de véspera em vinha d'alho (veja receita na pág.153). E na hora de servir, não esqueça uns gomos de limão para acentuar o sabor.

E na sua versatilidade o lombinho pode ser preparado com queijo. É simples. Divida a peça pelo meio, no sentido do comprimento, espete, leve às brasas e fique de olho para não passar do ponto. Quando estiver quase a ponto de servir, retire do fogo, pincele a carne com azeite e depois cubra-a fartamente com queijo ralado, amoldando com as mãos para grudar. Leve de volta ao fogo, maneje com cuidado e controle até o queijo ficar gratinado. É a hora de trazer à mesa, servir e sentar-se e, como os mágicos, não revelar o segredo.

Outra receita fácil. Tome um lombinho inteiro, abra-o pelo lado até quase chegar às pontas. Recheie de queijo parmesão, ralado, em lascas grossas. Leve-o ao fogo forte, com a abertura para cima, é claro, e só fique controlando. Quando estiver quase pronto, abra-o, salpique com bastante orégano e passe um generoso fio de um bom azeite.

Uma variação da receita acima: para mais picardia, substitua o parmesão e o orégano por gorgonzola.

E se mais méritos não tivesse o lombinho, ainda apresenta a vantagem de, se sobrar, poder ser servido frio no outro dia sem perda de sabor.

Filezinho

Este corte apareceu no mercado, com abundância, há pouco tempo. Aceita todos procedimentos que se faz com o lombinho, com a grande vantagem de ter menos gordura e ser mais macio. E outra, como é mais fino, apronta-se mais rapidamente. Portanto, atenção. Como é muito gostoso e difícil de errar, recomenda-se para os neófitos nas artes de brasas e carnes.

Costelinha

Se chama assim, no diminutivo, uma forma de carinho por um corte tão delicioso. É fácil de preparar e de sabor acentuado. Apresenta dois pequenos contratempos: tem pouca carne e muita gordura. Portanto, você vai ser mais criterioso no açougue e compensar o parco rendimento trazendo um pedaço maior. E para a gordura, difícil de tirar devido ao próprio corte, temos uma solução mais fácil ainda. Levamos a nossa costelinha ao fogo com a parte do osso para baixo. Quando a gordura sentir a força do carvão, salpicamos com farinha de mandioca. E assim, vamos virando o espeto e cobrindo com a farinha. Matamos a gordura e servimos uma costelinha à milanesa.

Pernil

O pernil de porco é outro corte que pulou da tradicional mesa de Natal para a nossa prosaica churrasqueira. Como é um corte de muito peso, deverá ser oferecido apenas como uma iguaria a mais, em churrascadas com muitos comensais. Antes de mais nada, devemos afiar bem nossa faca de estimação e limpá-lo a capricho de todas as nervuras, pelancas, sebos e gorduras. Feito este trabalho, podemos usar um espeto duplo, forte, salgá-lo e levá-lo ao fogo. É preciso calma e paciência, porque demora muito a ficar pronto. E há o perigo, bastante comum, de ficar assado por fora e cru por dentro. Portanto, precisa de calor e tempo. O mais certo é colocá-lo no andar de cima e vir baixando no decorrer do andamento dos trabalhos. No geral, o pernil é o primeiro a entrar no fogo e o último a sair. E não adianta querer apressar. A compensação será uma carne farta e saborosa.

Se o pernil estiver cortado em grossas rodelas, aí deverá ser trabalhado na grelha e será claramente de tempo mais curto e gosto igual.

Inteiro ou dividido, o pernil pode ser temperado só com o sal grosso ou pode ser marinado, com as especiarias de sua preferência. Muitos usam fazer alguns cortes na carne e embutir alguns temperos verdes como o alecrim, a hortelã e até cebola picada.

A melhor maneira de servi-lo é, ainda nos domínios da churrasqueira, tirar uns robustos nacos de carne, cortá-los em pedaços adequados e aí sim levá-los à mesa. Procure fazer um corte em que apareça o dourado crocante de fora e o "molhado" de dentro. Se o espeto remanescente ainda mostra alguma parte um tanto crua, não se acanhe, apresente-o ao calor do fogo novamente, até atingir o ponto certo de ser servido. A carne de porco assume esta vantagem, em relação ao gado, de poder voltar às brasas sem perder qualidade.

Leitão

Chamamos como tal o filhote do porco, com cerca de 3 a 4 meses de idade e menos de 20 quilos de peso. É uma carne com duas características bem marcantes: extraordinária maciez e muita gordura. E um detalhe, coberta pela rosácea pele.

Para preparar um bom leitãozinho assado esqueça os cortes que vimos acima. No açougue, com seu olho apurado, escolha um pedaço que se mostre acessível ao espeto ou seja espetável. Dizemos isto porque a maioria dos cortes do leitão são preparados em função do forno ou da humilde panela. Para o destino que lhe escolhemos o corte precisa apresentar uma boa camada de carne, uma manta de gordura e a pele. Espetamos e levamos ao fogo com a pele para baixo. Fogo forte, espeto no alto e muita paciência. O calor das brasas vai assar a carne de baixo para cima, a partir da gordura quente. Quando a pele mostrar-se crocante, está na hora de virar de lado. Mas, fique atento que a carne é tenra e sem a proteção da pele pode queimar. Continue trocando de lado, expondo cuidadosamente a parte branca ao calor. Teste a consistência. Quando a carne mostrar-se rígida e a pele bem crocante, baixe mais o espeto para o arremate final – olho vivo – e sirva. É claro que nos deliciaremos apenas com a carne, deixando a gordura de lado, porém veremos que alguns, sábios insensatos, não resistirão a tirar uma prova da dourada pele. Para manter o equilíbrio, tenha à disposição a nossa farinha de mandioca e algumas rodelas de limão.

Carrê

O carrê é a parte inteira do lombo, juntando portanto o osso da chuleta e uma parte da ripa da costela. É um corte bom de espetar, melhor de assar e ótimo para saborear. Recebido do açougue, basta retirar um ou outro excesso de gordura, em especial o comprido fio branco da medula, atravessá-lo por um espeto largo, salgar e colocar sobre as brasas com a parte do osso para baixo. Este corte apresenta dois lados com osso e o outro com a carne. Assim, o assador deve girar os espetos com mais freqüência, para uma melhor exposição ao fogo.

Um detalhe importante: na hora da escolha da peça se pedirá ao açougueiro que faça, com a serra, vários cortes, quase separando cada costela. Assim, aprontado o espeto e na hora de servir, o assador só terá o trabalho de, com a ponta de sua faca, separar as várias chuletinhas, sem dificuldades nem traumas.

Lembramos que o carrê, como toda carne de porco, aceita vários temperos e pode ser marinado com antecipação, o que só lhe ressalta o sabor.

Frangos, galetos & cia.

O preço baixo, a excelente distribuição comercial e, principalmente, a valorização das carnes brancas trouxeram os frangos para os cardápios do churrasco. E se houver mulheres na roda é mais certo ainda que você terá que apresentar, no mínimo, um franguinho bem preparado.

Os galináceos exigem cuidados e técnicas diferentes. São mais fáceis de assar, propiciam menos erros, têm aceitação mais ampla. Você pode escolher uma variação entre o galetinho, o galeto, o frango e a galinha.

Para melhor resultado você poderá selecionar um frangote de cerca de 800g e menos de 30 dias. Mais do que isto já podemos chamar de galinha, o que é, no mínimo, uma deselegância e tira um pouco do sabor.

Os cortes melhor aproveitados para assar são a coxa, a sobrecoxa, o peito e, para quem aprecia, a asa. A coxa, preferida pela criançada, apresenta uma carne mais gorda. O peito, ao contrário, tende a se mostrar mais seco. A asa, incluindo a espertamente chamada "coxinha da asa", tem pouca carne. Portanto, o melhor corte é a sobrecoxa. Mas não falta, e aqui não vai nenhuma crítica, quem asse o frango inteiro e se delicie roendo em torno dos ossinhos da carcaça.

Conforme seu tamanho, o frango pode ser desmembrado, de acordo com as partes que vimos acima, para ser melhor espetado. Ou, também, poderá vir do fornecedor já serrado ao meio, no comprimento, o que facilita em muito o trabalho do assador. Este último corte é recomendado para grandes churrascadas ou galetadas, quando se precisa atender a cerca de cem pessoas, por exemplo. Com este corte, todos receberão a mesma fração, composta de uma coxa, sobrecoxa, asa e uma parte do peito. Mas, para seu churrasco caseiro de domingo, o mais fácil mesmo é comprar a bandejinha com o seu corte predileto.

Há dois cuidados na preparação do frango para as brasas. Primeiro, frango também tem gordura, e muita até, que deverá ser tirada com paciência. Segundo, a pele, embora apetitosa, não deverá ser consumida por ser a maior fonte do mau colesterol. Alguns assadores mais temerosos a tiram fora por primeiro, antes de assar. Outros, assam com a pele e a tiram antes de servir.

Frangos podem ser temperados apenas com o sal grosso ou com a variedade de temperos que você está acostumado. Se quiser algo mais sofisticado, veja na pág.150 um tempero especialíssimo e fácil de preparar.

E o galetinho?

O delicado galetinho é uma contribuição da cultura italiana à nossa culinária. Não tem mais passarinhos? Então, *o galletto al primo canto*!

O galetinho é um filhote de cerca de 500g, abatido antes dos 25 dias. É uma carne tenra, deliciosa, rápida de preparar, boa de temperar e de aceitação universal. Em geral é assado com a pele, aqui uma discreta proteção à maciez da carne, o que lhe rende um dourado a que poucos ousam resistir. E, por requinte, alguns assadores usam pincelar de vez em quando com um pouco de manteiga.

Pelo seu próprio tamanho, o galetinho pode ser assado por inteiro. Neste caso, abre-se por baixo e se espeta, no sentido transversal, de asa a asa, como se estivesse voando. Ou tros preferem dividi-lo ao meio, em um sentido ou outro. E nas galeterias, o mais comum é dividi-lo em forma de cruz, o que dá quatro pedaços equânimes. O resultado, em termos de gosto, é quase o mesmo. Assim, você corta conforme o número de peças, de convidados à mesa, o tempo disponível, as outras carnes em oferta etc.

IMPORTANTE. O frango demora mais tempo para ficar pronto. Logo, deve ser colocado ao fogo mais cedo. Entretanto, o galetinho, graças à maciez da carne e de os pedaços serem menores, é de aprontamento mais rápido. E, mais importante de tudo, sua carne tenra exige apenas um rápido acaloramento, sob fogo forte. Isto quer dizer que, se passar do ponto, tende a ficar seco demais. Portanto, atenção máxima, distração zero.

E mais. Na hora das compras considere que frangos e galetos representam uma perda de cerca de 30% de seu peso, em ossos, peles e gorduras.

O acompanhamento natural de frangos e galetos é a italianíssima polenta. Pode ser apresentada de várias maneiras, que variações há inúmeras. Por exemplo, pastosa como um pirão e enfeitada com um bom molho vermelho ou ferrugem. Ou pode ser enriquecida com queijo parmesão ralado e um tablete de manteiga, que são misturados quando ainda está bem quente. Ou pode ser mais rija e cortada com a faca. Esta mesma, cortada em pequenos tabletes, pode ser fritada em azeite bem quente, o que a deixará com uma casquinha crocante por fora e cremosa por dentro. Ou ainda, se não quiser fritar, poderá grelhar, tostando a casquinha. E também pode-se gratinar, cortando em fatias e cobrindo com queijo. Ou, mais ainda, cortar em fatias mais grossas, abrir pelo lado, rechear de queijo e expor ao fogo. Use sua criatividade.

Na mesa familiar dos imigrantes italianos não poderiam faltar as massas. E algumas se agregaram aos galetos, e até combinam, e costumam freqüentar as mesas junto. É o caso do *spaghetti,* do *tagliatelli,* do *fettuccine*, ou seja, o que se chama popularmente, no Brasil, de macarrão. E com molho, de preferência. Sc você fizer uma galetada caseira, poderá pedir socorro à cozinha da casa e fazê-la acompanhar-se das massas, já que os sabores navegam juntos.

Outro acompanhamento muito popular de frangos e galetos – uma entrada vigorosa – é a tradicional sopa de *cappelletti,* que passou direto da mesa dos colonos italianos para as churrascarias e galeterias. Como sabemos, o *cappelletti* é uma espécie de pastelzinho, ou travesseirinho, ou quadradinho de massa bem fina. A forma e o recheio variam segundo a região e os costumes. O recheio mais comum, pelo menos na nossa zona colonial, é o que leva miúdos de galinha ou carne de frango, picados ambos, azeitonas também picadas, farinha de rosca e mais os temperos, vinagre, azeite, noz moscada, sal e pimenta. Cozinha-se o *cappelletti* em caldo de galinha e serve-se, com o caldo, salpicando com o queijo parmesão ralado e o tempero verde picado. Eis aí o *cappelletti in brodo*, antiga delícia da culinária italiana.

E por fim, lembre-se que frangos e galetos podem ser preparados como espetos alternativos, como uma reserva caso venha a faltar carne, medo secreto de todo assador, ou cheguem alguns convidados de última hora, alegria de todo assador. Até porque, se sobrarem, poderão ser consumidos normalmente na segunda-feira.

A OVELHA

Ovelha, carneiro, cordeiro, borrego, capão, todos estes nomes são usados popularmente para indicar a carne de ovino na confraria dos churrasqueiros. Grosso modo, podemos dizer que o carneiro é o pai, a ovelha é a mãe, o cordeiro é um filhote, macho ou fêmea, ainda dente de leite, portanto carne mais macia, o borrego é um macho ou fêmea, jovem, com cerca de 15kg, e o capão é um ovino castrado, já na segunda dentição e peso em torno de 20kg. Deu para compreender a família? Somente assadores muito experientes, verdadeiros *experts* no assunto, conseguem perceber estas diferenças nas carnes. Bem, em termos, porque a diferença de gosto entre um jovem cordeiro e uma velha ovelha é facilmente perceptível.

No Rio Grande do Sul, a carne de ovino tem a preferência dos assadores, principalmente no interior. Este gosto vem da antiga tradição de que nas fazendas abatia-se o ovino para o consumo de carnes na família e entre os empregados e agregados, como já vimos. Como é uma carne de gosto acentuado, para não dizer marcante, encontra mais adeptos entre o público masculino. Ainda hoje, um bom gaúcho gosta de oferecer, como uma iguaria, ao menos um corte de ovelha. Infelizmente, o resto do Brasil ainda não aprendeu a gostar da carne ovina.

A carne de ovelha, para sua plena aceitação, enfrenta ainda dois problemas. Um, em tempos de colesterol baixo, é a excessiva gordura, ainda por cima mais saturada que a da carne bovina. O outro entrave é o cheiro forte, segundo alguns proveniente de uma glândula junto ao osso do pernil, e, segundo outros, de compostos sulfurados naturais que existem na lã e na hora do abate passam para a carne. De qualquer maneira, nada que não possa ser resolvido com uma borrifada de vinagre ou um limão galego espremido fartamente. O problema da gordura vem sendo diminuído com a entrada no mercado de raças de corte – *suffolk*, *île-de-france*, *texel*, por exemplo – que apresentam menos gordura, cortes mais nobres e são abatidos em mais tenra idade. E o cheiro, morrinha, como dizem alguns, já não existe mais na carne proveniente de frigoríficos mais modernos e cuidadosos no abate.

Para a alegria do churrasco as melhores partes da ovelha são aquelas com osso, como veremos abaixo. Antes, lembramos que os cortes ovinos costumam ser assados demoradamente e, com freqüência, passam por duas alturas na churrasqueira, ou seja, vêm baixando lentamente, embora prefiram sempre o fogo forte. E mais, a carne de ovelha deve ser servida bem quente. Bem quente, mesmo. E, já se percebeu, não deve ser consumida fria. E o assador cuidadoso evita deixar esfriar algum corte sobre a mesa, porque a gordura sedimentada apresenta um aspecto pouco agradável. A propósito, é o tipo da carne que requer a farinha de mandioca ao lado.

Pernil, paleta

O pernil, juntamente com a paleta, são os dois cortes clássicos dos ovinos e serão abordados juntos, por similares. O pernil refere-se às patas traseiras e é o corte de mais abundância dc carnc. A palcta rcfere-se às patas da frente; também apresenta bastante carne, porém mais osso, no caso, o largo omoplata. Portanto, em pesos iguais, o rendimento do pernil será bem maior.

Como no caso do porco, o pernil deve ser

desbastado de suas gorduras, atravessado por um espeto duplo e forte e levado às brasas com tempo disponível para atingir o ponto certo. Como é um corte volumoso, precisa de calor forte e paciência, para que fique bem assado por dentro. Lembre-se que o ponto adequado é quase chegando no bem passado. Explicando melhor, casquinha crocante por fora e bem-passado por dentro, porém sem perder a ternura, jamais.

Além do sal grosso, o pernil também gosta de ser imerso numa boa vinha d'alho (ver. pag.153). Alguns assadores, usam fazer alguns lanhos na carne e embutir alguns temperos frescos, como o alecrim, a hortelã, tomilho, manjericão etc.

Se você é adepto da grelha, não deverá trabalhar com o corte inteiro do pernil, porque não conseguirá assá-lo, a contento, por dentro. Então, deverá trazê-lo do açougue já cortado em grossas rodelas e aí seguem-se os procedimentos normais de desbaste e temperos. Com a vantagem de que, com este corte, ficará pronto mais rápido e de maneira mais uniforme.

COSTELA

O corte preferido dos gaúchos saudosistas, uma gorda costela de ovelha chiando nas brasas e espalhando o perfume de assado pelo campo. É um corte que apresenta pouca carne, em meio aos finos ossos, e um sabor acentuado. Em churrascos mais machistas, costuma ser comida com as mãos. Considere que é de pouco rendimento; portanto, compre sempre um pedaço maior. Inicie no fogo com os ossos para baixo, mantenha o calor forte, tenha paciência e cuide para que não passe do ponto.

Carrê

Depois do pernil, talvez este seja o melhor corte da ovelha. Apresenta boa quantidade de carne, ossos pelos dois lados, o que a protege do excesso de calor. Antes de espetá-lo, ao comprido, limpe-o das gorduras junto aos ossos. Em especial, retire o fio branco leitoso, a medula, que percorre o corte em todo o comprimento.

Comece no fogo com os lados do osso. Só mais tarde, com os ditos bem tostados, é que se deve apresentar a carne ao calor direto. O carrê é temperado com o sal grosso, inclusive a parte dos ossos, mas também pode ser marinado com antecedência, e recomenda-se servir com gomos de limão à disposição.

Os frutos do mar

Cada vez mais os frutos do mar freqüentam as nossas churrasqueiras. A preocupação com a saúde, a valorização das carnes brancas, a preferência aos grelhados em detrimento às frituras, a melhor distribuição dos pescados, tudo contribui para aproximar o mar do fogo.

E para isto, a nossa prezada churrasqueira serve perfeitamente, via espetos ou grelha. Mudando o produto, muda a filosofia de trabalho. Mas não muda o espírito de alegre convivência que o calor do fogo nos proporciona. Alguns cuidados devem ser tomados. Primeiro: em uma churrasqueira pequena, não se deve assar ao mesmo tempo carnes vermelhas e peixes, pela mistura de perfumes ou de cheiros, como encaram alguns. E se fizer uma peixada nas brasas, convém deixar a churrasqueira descansar uns dias, talvez uma semana, até desaparecerem todos os eflúvios marinhos. E não esqueça: lave bem, muito bem mesmo, os espetos.

Alguns peixes se prestam melhor que outros para serem encaminhados às brasas. Além dos inúmeros tipos diferentes de peixes de rio, comuns a determinada região, e no Brasil isto significa uma variedade quase incalculável, temos toda a nossa costa com uma riqueza pouco explorada. Assim, obrigados a selecionar e, apenas como exemplo do processo, escolhemos apenas cinco espécies: a tainha, a anchova, o dourado, o salmão e a sardinha.

A boa peixada – e aqui isto é muito mais importante que no churrasco – começa na véspera, na peixaria. E para sua comodidade já traga o peixe descamado e limpo por dentro. A boa e cuidadosa escolha do peixe é meio caminho andado para o sucesso. Para bem escolher, você precisa treinar seu olfato: cheiro de peixe fresco é fundamental. Depois, sua visão vai lhe indicar guelras bem vermelhas, olhos brilhantes e logo os dedos lhe mostrarão escamas firmes e a carne rígida. Em caso de dúvida, não compre. O melhor mesmo é procurar estabelecer uma relação de confiança com seu peixeiro. E dê preferência a uma peixaria de bastante movimento, ou seja, rotatividade de estoque.

Bem escolhido o peixe, podemos dar início aos trabalhos. Lave-o bem em água corrente e borrife-o fartamente com limão. Tempere-o a seu gosto, que os peixes aceitam uma infinidade de temperos. E aceitam até, simplesmente, o sal, grosso ou fino. Lavado, perfumado de limão e temperado, leve-o às brasas. Se for à grelha, deverá ser cortado em postas. Se não, recomenda-se que tenha espetos especiais para peixe. Se não tiver, use o espeto comum, atravessando-o com cuidado e manobrando com delicadeza para evitar que a carne se rasgue e/ou se solte. Na grelha ou no espeto, recomenda-se fazer alguns pequenos cortes no lombo, para assar melhor por dentro e para melhor fixação dos temperos. Se por acaso você recheou a barriga do peixe, sugere-se passar um cordão ou, mais garantido, um arame em toda a volta. Na grelha, alguns assadores costumam enrolar um peixe inteiro em papel alumínio para os primeiros embates com o fogo. Mais tarde, já quase pronto, desenrolam-no e o deixam exposto para pegar uma cor.

Sobre o fogo, a gordura, sim, peixe também tem gordura, começa a pingar, forma-se uma casquinha crestada pelo calor e, mais fácil ainda, os talhos que demos no lombo nos mostram a carne assando. E é por ali, por esta janela, que sabemos o ponto de servir. Na hora de retirar do espeto, tenha calma e cuidado, porque a pele tende a grudar. E perdendo a pele, o peixe vem para a mesa com mau aspecto. Procure servir o peixe assado inteiro. Já sobre a travessa, e depois de admirado, você manejará um garfo e uma faca de ponta bem afiada para tirar e servir os filés. Primeiro, dê um talho transversal na pele junto ao rabo. Depois, passe a ponta da faca pelas costas, junto à espinha, de cabo a rabo. Pronto, está solto o filé. Agora é só apanhá-lo com duas colheres ou com a espátula. Depois, com mais cuidado ainda, vire o peixe e repita a operação. Se tudo deu certo, restou sobre a travessa somente o rabo, o espinhaço e a cabeça. Parabéns.

A tainha e a anchova são dos mais comuns freqüentadores das nossas churrasqueiras, pelos menos aqui no sul. Tainhas há de todos os tipos, desde aquelas com gosto de barro, das nossas lagoas, passando por outras de alto-mar e carnes mais limpas, até chegarmos àquelas enormes do litoral de Cabo Frio. E quase todas se ressentem de um excesso de gordura, o que nos leva a assá-las devagar, para dar tempo de uma boa depuração.

Já a anchova se mostra mais magra, com gosto acentuado e boa de ir às brasas, com carne de mais nobreza. As sardinhas, por serem de menor tamanho, podem ser acomodadas inteiras, lado a lado, na grelha e cobertas fartamente com sal grosso, o que as deixará crocantes e deliciosas, à maneira portuguesa, com certeza.

O dourado, habitante dos rios de águas limpas, chegou a ser quase raro e agora já aparece com freqüência nas peixarias. É carne branca e muito apreciada e todos os pescadores amadores lhe dedicam uma preferência e muitos elogios.

Há, evidentemente, num país cheio de grandes rios como o Brasil, muitos outros peixes que se adaptam melhor às churrasqueiras do que às panelas. Cada região tem a sua preferência e é impossível citar os melhores espécimes do Pantanal ou da Bacia Amazônica, por exemplo. Lembramos apenas alguns mais votados como o tambaqui, o pintado, o surubi, o namorado, as trutas etc.

Alguns peixes são temperados só com o sal fino, como já vimos, e costumam receber uma metade de limão como complemento. Para ser mais brasileiro, podemos rechear, e costurar, sua barriga com a tradicional farofa enriquecida com cebola picada, azeitonas, ovo cozido, tempero verde, etc. E se quiser mais, siga o hábito, bem comum no Norte, de borrifar o peixe, enquanto assa, com bastante colorau, que lhe dará a cor.

E não podemos deixar de citar o salmão, importado, caro e nobilíssimo. Inteiro, o salmão pode ir para o espeto. Cortado em postas ou em filés, altos, por favor, vai para a grelha. Grelhado, é de preparo rápido, e nos parece de melhor aproveitamento, diante da delicadeza da carne. Por sua própria nobreza exige temperos e acompanhamentos mais sofisticados, como a pimenta-rosa.

E para encerrar a nossa incursão pelos mares, temos o bacalhau na brasa, conhecido e fácil de preparar. É um petisco recomendado para a grelha, mas o melhor mesmo é usar a grelha especial para peixe, dupla, que prensa a peça e permite virá-la de lado sem riscos. Começamos escolhendo um bom filé, alto e largo. E nos preparamos para dessalgá-lo. Isto significa uma lavagem em água corrente e depois deixá-lo de molho, trocando a água com freqüência. Assim, lhe tiramos o excesso de sal e o reidratamos. Isto tudo desde a véspera. Alguns *gourmets*, e há receitas que corroboram esta teoria, dessalgam o bacalhau durante dois dias. Na nossa opinião, algum sal deve restar, sob pena de transformarmos o bacalhau, como conceito, em um outro peixe fresco. Este processo fica a seu critério.

Dessalgada a peça, devemos amolecê-la. Para tanto, basta amorná-la na água, tendo o cuidado de retirar da panela com uma escumadeira, para que não perca a forma. Aí é só colocá-la sobre as brasas e perfumar de vez em quando com um fio de azeite. Espere até atingir uma cor dourada e está pronto, um acepipe dos deuses. E se você quiser um complemento adequado, asse ao mesmo tempo pimentões amarelos e vermelhos e duas cebolas, que serão temperados somente com um pouco de sal e muito azeite de oliva. Esqueça um pouco a cerveja e peça seu vinho predileto, que é o caso.

Outros espetos

Instalada a churrasqueira, desenvolvido o hábito das reuniões com amigos e parentes, o assador se mostra inquieto, solta a sua imaginação, puxa pela memória e aí começam a aparecer os espetos alternativos, os cortes diferentes, as caças, os assados exóticos. E está certo. Cada um deve usar sua churrasqueira de acordo com sua criatividade. As possibilidades são ilimitadas. Examinaremos algumas sugestões.

Espeto misto

Chamamos de misto o espeto que agrega o lombinho de porco e o filé *mignon*. Em geral, se prepara um espeto com três cubos de cada, de 5 a 10cm^2, intercalando ou deixando o porquinho para a ponta, onde receberá mais calor. São dois cortes nobres que merecem a melhor atenção do assador. E vão demandar uma habilidade a toda prova, já que exigem tempos de assamento e momentos de servir diferentes. Como já vimos, o lombinho é mais demorado e o filé mais rápido. É preciso cuidar para, ao acertar um, não errar o outro. O perigo maior é servir o filé passando do ponto ou o lombinho ainda cru. Assim, considere que o melhor momento do espeto é quando o lombinho está bem passado e o filé no ponto. Arrisque-se, que será recompensado.

Xixo

O xixo é um rico espeto que oferece várias opções de trabalho para o assador e de gostos, para os comensais. É uma oferta, variada e colorida, em um mesmo espeto. O xixo completo compõe-se de:

– carne de rês – filé *mignon,* alcatra ou contrafilé;

– carne de porco – lombinho ou filezinho;

– frango – peito, sobrecoxa ou coxa;

– salsichão ou lingüiça;

– pimentão, tomate e cebola.

As carnes, incluindo o peito de frango, são cortadas em pequenos cubos de cerca de 6 cm. Se utilizar a coxa ou a sobrecoxa, os cortes das outras carnes devem ser um pouco maiores, para dar uma certa uniformidade no visual. As cebolas, médias, descascadas, devem ser cortadas ao meio. Os pimentões, livres do talo e da parte das sementes, também são cortadas ao meio. Os tomates, que não sejam muito maduros, poderão ser espetados por inteiro ou ao meio, segundo o tamanho.

Tudo preparado, monte o espeto intercalando carnes e vegetais. Há alguns cuidados: comece com os tomates, que são mais sensíveis ao calor, ou prense-os entre duas carnes para que não caiam. Deixe os cortes de frango e porco mais para a ponta do espeto, porque necessitam de mais calor. Espete por último uma cebola ou um pedaço de lombinho, para segurar o que vem atrás. Lembre-se que precisará manejar os espetos com cuidado, observando com atenção redobrada, aproximando e afastando do fogo de acordo com o andamento dos trabalhos. Há muitas variedades de pontos de assamento e o olho clínico do assador é fundamental para equilibrar e oferecer tudo no momento certo.

O tempero do xixo é o mesmo sal grosso de sempre, mas não é pecado passar de vez em quando um fio de um bom azeite. E com um espeto destes você serve, e agrada, a todos a contento.

Pamplona

A pamplona é um corte de origem espanhola, de Pamplona, claro, muito popular na Argentina e, mais ainda, no Uruguai. Pode ser preparado com filé *mignon*, lombinho de porco ou peito de frango. A legítima, e a mais gostosa, é a de filé. Seu preparo é muito fácil. Toma-se um filé *mignon* bem limpo. Corta-se as duas asas e o rabo. Ficamos então com a parte mais grossa, o coração do filé. Abre-se um corte lateral, até quase as duas pontas, e enche-se com tempero verde picado, algumas folhas de rúcula ou, quem sabe, fartas lascas de gorgonzola. Enrola-se com barbante, tempera-se com o mesmo sal grosso e já para as brasas. Serve-se no ponto certo e aceita-se, com modéstia, os elogios.

Salada turca

Aqui está um espeto pouco conhecido, facílimo de preparar e muito gostoso. Tomam-se três pimentões – amarelo, vermelho e verde, para maior efeito –, três cebolas grandes e três tomates. Os pimentões sem os talos e as sementes, as cebolas descascadas e cortadas pelo meio e os tomates, grandes e rijos. Espeta-se tudo, alternando pela cor e deixando a maior cebola por último, para impedir que caia tudo no fogo. Mantenha o espeto pelo lado, mas perto do calor e sem expor demais, para não queimar. Paciência, que demora. Vá controlando o tempo e observando. A referência é a cebola, que deve ficar bem assada, e o perigo está no pimentão e no tomate, que podem queimar demais. Quando estiver no ponto, retire, coloque sobre a tábua e corte em grossos pedaços, irregularmente. Misture tudo e tempere, com sal, pouco vinagre e muito, muito azeite. E então, o sabor do Mediterrâneo não ficou uma delícia?

Batata-doce

Uma lembrança interiorana, uma volta ao Brasil rural, um complemento com cheiro de infância na roça. A nossa batata-doce pode e deve ser servida e assada junto com as carnes. Não existe nada mais fácil. Primeiro, cozinhe a batata sem deixá-la amolecer demais. Depois, simplesmente espete e leve às brasas, onde assará devagar, sem maiores preocupações. Às vezes a casca queima, e até torra, tudo sem problemas. Na hora de servir, corte-a ao meio ou em grossas rodelas, sem desprezar a casca, mesmo quando torrada, que alguns até a preferem.

Batatinhas

A nossa acessível batata-inglesa pode fazer parte do nosso churrasco. Aqui está uma receita saborosa e fácil de preparar. Escolhemos batatinhas pequenas, redondas. Lavamos bem, fazemos alguns furos com o garfo, cobrimos com sal fino – aqui pode –, espetamos e levamos ao fogo, com a casca. Para melhor fruição, colocamos o espeto debaixo de uma carne com bastante gordura, para que receba os pingos e aproveite o sabor. Deixamos assar devagar, virando sempre, e esperamos a casca se abrir. Querendo, podemos passar de vez em quando um fio de azeite. Quando a sentimos macia, podemos servir, com uma pequena cumbuca de manteiga à disposição. Basta colocar a batatinha no prato, abri-la e, enquanto ainda bem quente, agregar uma colher de manteiga.

Berinjelas

Mais uma contribuição dos italianos à nossa culinária. As berinjelas aceitam o calor das brasas e são um ótimo complemento, cheias de fibras. São fáceis de preparar e só precisam de paciência e bastante azeite de oliva. Escolha três ou quatro berinjelas grandes, maduras, e espete-as atravessadas em um espeto duplo. Leve ao fogo de longe. Precisam de bastante tempo, para que fiquem cozidas por dentro com o próprio sumo, sem ficarem queimadas por fora. Demora quase tanto tempo quanto as carnes, repetimos. Por isto coloque-as logo no fogo. Ah, não esqueça: manobre os espetos com cuidado, sempre com as pontas para cima, sob pena de caírem sobre as brasas. Quando estiverem prontas, é só retirá-las, cortar em largas tiras e temperar a seu gosto.

Pão com alho

O simples pão sempre foi um tradicional acompanhamento do churrasco. Aliás, em sua versão mais primitiva o churrasco gaúcho era acompanhado apenas de pão e, eventualmente, de farinha de mandioca.

Hoje, contribuição dos imigrantes alemães, temos o já popular pão com alho. Muitos o preparam em casa, outros já o compram no supermercado ou padaria. Se quiser prepará-lo a seu gosto, não há nada mais fácil. Damos aqui uma receita básica – para quatro pães franceses de 50g – que você poderá modificar a seu critério. Começamos esmagando dois ou mais dentes de alho (cuidado! perigo!) em um pote. Colocamos três colheres, de sopa, de manteiga ou margarina, agregamos cheiro verde picado, mais um tanto de orégano, um pouco de queijo ralado, bastante azeite e misturamos tudo, até ficar uma pasta homogênea. Abrimos os pães ao meio, esfregamos bem a nossa mistura, espetamos e levamos ao lado do fogo. Cuidado, pois num zás queima-se tudo. Colocamos o espeto de longe e controlamos a todo momento. Esperamos até que a manteiga derreta e que a casca do pão se torne crocante. Tostadinho é o momento certo. Não podemos deixar passar do ponto, porque fica seco demais. Cuidado, hein. Não se descuide, pois, logo torra.

Queijo

Outra delícia da mesa rio-platense. Popular na Argentina e no Uruguai, o provolone – *queso parrillero* – derretido na brasa ainda é pouco conhecido no Brasil. Aqui está sua oportunidade de tirar este atraso. Se você usa a grelha, melhor ainda. Toma-se uma grossa rodela de provolone e põe-se sobre o fogo, mas não no ponto mais quente. Dentro de alguns minutos o queijo começa a derreter. É hora de virar. Quando começar a amolecer a parte de cima, é a vez de colocar uma boa pitada de orégano e pingar um bom azeite de oliva. Não deixe assar demais. Quando sentir que está cremoso é o momento de retirar, com uma espátula, cortar em pequenos triângulos e servir. Um aperitivo muito especial.

OUTRAS CARNES

Os assadores estão sempre experimentando novos cortes e novas carnes. E conforme a região do Brasil, há preferência por uma ou outra. Lembremos sempre que gastronomia é uma questão cultural. Está ligada às raízes, à formação, à tradição. Em geral, está muito ligada ao que conhecemos, aprendemos a gostar na infância. Vejamos o que de mais rola pelas churrasqueiras.

JAVALI

De origem européia, o javali veio para a América do Sul para ser objeto de caça. Escapou-se, proliferou-se livre nos campos e virou caçador, predador. Hoje já é criado em cativeiro e abatido dentro das normas. É uma carne com bastante teor de gordura e sabor marcante. Para efeito de churrasqueiras será tratado como um porco, o que não deixa de ser, embora selvagem.

Codegui(m)

É um embutido de carne de frango, de origem italiana. Como é de frango e um tanto volumoso, necessita de bastante tempo de churrasqueira, para que não fique cru por dentro. Já há, no mercado, uma variação, com carne de porco, condimentada e um tanto gordurosa.

Codornas e perdizes

Como caça ou criadas em cativeiro, aparecem agora com mais freqüência. Serão tratadas como se fossem galetinhos, porém com mais cuidados, por serem de carnes mais magras, portanto mais secas. Gostam de ser bem temperadas.

Cupim

A corcova do boi, de origem asiática. Não é muito apreciado no Rio Grande do Sul, onde a preferência é por gado de origem européia. É uma carne muito entremeada de gordura. Deve ser preparada antes, fervida em água ou leite, em panela de pressão. Só depois de assim amaciado é que deve ser levado ao fogo, para os arremates.

Salsichão de frango

Otimização do aproveitamento da carne de frango. É mais *light* e precisa de mais tempo de fogo. Uma boa substituição para os que não comem carne de porco.

Búfalo

Assemelha-se à carne de gado comum e assim será assado, porém com várias vantagens em termos de saúde, principalmente o menor teor de gordura e 40% menos de colesterol. Tudo indica que será a carne do futuro.

Vitela

Predileção dos italianos para o forno, a vitela também pode chegar às churrasqueiras. Como é um bezerro recém-nascido, com menos de dois meses de vida, a carne é tenra, macia, delicada. Aceita e até precisa de muitos temperos, não pode ser exposta ao fogo forte e deve ser virada a todo o momento, até ficar corada. Não é uma carne fácil de ser trabalhada, porém, se acertar, compensa.

Presunto inteiro

Como já vem pré-cozido, pode ser levado ao fogo apenas para dourar e acrescentar um sabor rústico. Em geral, vem como entrada em pequenas porções, por ser um tanto adocicado.

Miúdos

Cada região tem seus gostos. Na faixa de fronteira do Rio Grande do Sul, os miúdos são considerados uma especiaria e têm consumo garantido, em especial entre os mais velhos. E aí vão as tripas, os rins, o coração, os testículos, o fígado, a coalheira e até o úbere das vacas.

E finalizamos lembrando que, como se diz em matéria de carnes, tudo que vai ao forno fica melhor nas brasas, ainda teríamos o cabrito, o coelho, o peru, os marrecos, o jacaré, a capivara etc. E para encerrar a lista de opções, ressaltamos que a caça de animais silvestres constitui um duplo crime, jurídica e moralmente. Portanto, respeite a natureza e adote uma postura politicamente correta: não peça, não aceite, não coma.

As matemáticas do churrasco

Pesos e medidas

Churrasqueiro que se preza sempre se preocupa com números. Os pesos de carnes, os sacos de carvão, o tempo para assar etc.

Todo assador, em início de carreira, tem um secreto medo: será que não vai faltar carne? É compreensível a preocupação e é fácil precaver-se. Basta fazer a conta certa. E a conta certa é a média de 500g de carne sem osso e de 700g, com osso, por pessoa. Esta medida, atende a todos, com alguma folga.

Há vários fatores que alteram, para mais ou para menos, as proporções de carne por pessoa. É inverno ou verão? Há mais homens ou mulheres? É almoço ou jantar? Há muitos outros complementos? Ou vamos servir apenas carnes e saladas? Há muita oferta de aperitivos? E o ambiente?

Temos outras considerações. Por exemplo, é mais fácil acertar as medidas com as carnes sem osso, é o caso da picanha, alcatra, filé etc.

Nestes casos, praticamente não há desperdício, e dificilmente alguém come mais de 300g. Já a carne com osso apresenta mais dificuldades. É o caso das costelas, cuja produtividade pode enganar. Além de se perder cerca de 40% do peso em ossos, pelancas, gorduras e aponevrose, ainda há o risco de o corte apresentar pouca carne, como tal. Também comensais menos experientes ou menos hábeis com os talheres podem desperdiçar mais carne.

Da mesma forma, ocorre algum desperdício, em peles e ossos, no caso de frangos. Esta cota já deve estar calculada na compra e pode ser corrigida, na hora de servir, com os cortes certos. É claro que pedaços menores são mais facilmente destrinchados pelos convivas.

O mais certo, para evitar preocupações e até nervosismo, é comprar a mais, com alguma folga. Aí, é só separar alguns espetos de preparo rápido ou fácil – medalhões de picanha, cubos de lombo de porco e até galetinhos – e deixá-los na reserva. Qualquer susto ou ameaça de que vai faltar é só levá-los, discretamente, às brasas. Há que se ter o cuidado de tomar esta providência na hora certa, sem deixar faltar na mesa e, principalmente, sem interromper o fornecimento, o que cortaria o embalo.

Aliás, o bom assador quando começa a servir não pára mais até o último conviva mostrar-se satisfeito, e bem. Em geral, logo que chegam os convidados e se começa o churrasco bate a sensação de que vai faltar. Felizmente, quase sempre é um alarme falso.

Um processo simples de confirmar as quantidades é, com os espetos já a postos na churrasqueira, passar os olhos e mentalmente fazer o cálculo de cada porção por pessoa.

E para maior tranqüilidade do assador, convém lembrar que vários cortes, se sobrarem, serão facilmente reaproveitados, como veremos na pág.146.

Tempo

Quanto tempo demora o churrasquinho até a hora de servir?

Depende. Depende de você e das carnes. E da filosofia. Sim, da filosofia do assador. Há aqueles que baixam os espetos, assam rapidamente, servem ligeiro, e logo começam a limpar e arrumar tudo e já dão os trâmites por findos. Felizmente, também há o contrário. Há aqueles que começam cedo e ainda assim fazem tudo na maior das calmas, curtindo cada momento, saboreando cada etapa, fazendo render a técnica e a arte. Filosofias. E filosofando podemos dizer que o tempo certo é aquele que sirva à família ou aos convidados, ou seja, nem tão rápido que não propicie a convivência e nem tão demorado que ninguém agüente mais esperar.

Na verdade, você faz o seu tempo. E mais, o seu tempo já começou na véspera, no açougue, com o tipo de carne que escolheu. E vai continuar com os cortes que preparar, com as distâncias, com a força do carvão, e outras variáveis que a prática vai lhe ensinar a dominar. Mas, para deixar uma referência, podemos dizer que, desde que se acende o fogo até servir o primeiro corte, demora-se cerca de 1 hora. Lembre-se que os cortes escolhidos determinam os tempos. Por exemplo, uma picanha inteira, envolta em um grossa manta de gordura, pode demorar quase uma hora de fogo, dependendo da altura inicial em que foi colocada. Porém a mesma peça cortada em postas, uma meia-lua cercada de gordura por um lado, é coisa de 20 minutos de fogo forte. O mesmo acontece com o lombinho de porco. É como funciona nas churrascarias. Um costilhar inteiro exige mais de uma hora de exposição para chegar à mesa. Cortado ao comprido – *asado de tira* –, reduz-se o tempo para 15 minutos. Da mesma maneira, quase todos os tipos de cortes podem ser apressados pelo simples ato de baixar o espeto ou aumentar o calor das brasas. E por aí vai.

E se você está esperando seus convidados, deixe tudo preparado, mas não ponha os espetos no fogo antes das visitas chegarem. Como já vimos, é mais fácil adiantar do que atrasar o churrasco. Para facilitar damos aqui uma tabela com os tempos médios para assar.

Carnes sem osso: picanha, filé, alcatra, maminha	
peça inteira	40min
cortada em postas ou medalhões	20min
Carnes com osso: costelas, carré, chuleta	40min
Assado de tira	15min
Carne de porco, bem-passada	50min
Carne de ovelha	60min
Frangos	50min
Galetinho	40min
Salsichão, lingüiças	30min
Pernil inteiro de porco ou ovelha	1 h 30min
Costilhar inteiro	4 h
Pimentão, cebola, batatas, berinjela	30min

Aperitivos

O churrasco supõe aperitivos de acordo com a proposta de carnes, algo que combine.

A tradição já nos indica o salsichão, as lingüiças, o coraçãozinho de galinha, o matambre, as morcilhas, queijo provolone ou *caccio-cavalo.*

Salsichão

É o preferido e quase obrigatório. Ultimamente vem mudando de nome e tem sido chamado de lingüiça toscana ou lingüiça para churrasco. O legítimo é todo de carne de porco, mas agora já temos o misto, porco e rês, e o de frango. E há os famosos, de Erexim, que agregam os temperos verdes, que lhe dão um outro sabor. O importante é escolher uma boa marca, de confiança. E cuide que não tenha gordura em excesso. Na hora de assar, o salsichão exige poucos cuidados. Basta usar um espeto fino, melhor um duplo, estreito, atravessá-lo e apresentar ao calor das brasas. Como a carne é de porco, demora um pouco mais. O cuidado maior é de não queimá-lo muito pelo lado de fora. Como em outros casos que já vimos, o que deve assar é o calor. Quando estiver quase na hora de servir convém dar umas espetadas com a ponta da faca, para que pingue fora a gordura que se liqüefez. E recomenda-se baixar bem o espeto para a última e rápida tostada, que o fará chegar à mesa bem quente, crepitante. Aí é só cortá-lo em rodelas, com a farinha de mandioca à disposição e... bom apetite.

Coraçãozinho

Este, periodicamente, entra e sai de moda. Às vezes tem muita oferta, outras vezes é difícil de encontrar.

Pela delicadeza da carne e pelo próprio tamanho, o coraçãozinho exige alguns cuidados a mais. Primeiro de tudo, devemos tirar a fina pele que o cobre e depois cortar, com a faca bem afiada, a ponta mais grossa em que aparecem veias e artérias, que lhe dão um aspecto pouco simpático. Feito isto, devemos lavá-los bem em água corrente, para tirar o cheiro de sangue que às vezes ainda se sente. Se for o caso, pode-se borrifá-los com vinagre de maçã ou com limão. Se tiver no momento uma vinha d'alho preparada para alguma outra carne, pode-se aproveitar e deixá-los mergulhados, impregnando-se de outros sabores. Tomados estes cuidados é só espetá-los, um coladinho no outro, em um espeto fino. É importante juntá-los bem, para proteger a carne do excesso de calor. Devem ir para o alto. Seu tempo de preparo não é demorado, porque lhes basta um pouco de calor forte para deixá-los prontos. Cuide para que não passem do ponto, porque ficam secos demais e perdem o gosto. Farinha de mandioca à disposição é importante.

Se você quiser enriquecer o espeto, pode enrolá-los um a um em tiras de bacon, o que acrescenta um outro sabor. No melhor momento de servir, o coraçãozinho está no ponto e o bacon, crocante. Esqueça seu colesterol e delicie-se.

Lingüiça calabresa

A tenra carne de porco e a pimenta forte, uma mistura picante para abrir o apetite. Prefira aquelas cortadas à faca, as legítimas, e não aquelas de carne moída. Espete-a atravessada, em forma de S ou C, nunca ao comprido como se fosse uma cobra, desculpem a comparação.

Controle-a para que asse bem por dentro e, quando a considerar pronta, faça-lhe uns furos para que pingue fora a gordura. Em geral, na hora de cortar para servir, desmancha-se em vários pedaços. Ponha a farinha à disposição, para disfarçar a pimenta e mãos à obra.

Matambre

Nos primórdios do churrasco – e ainda hoje nas fazendas –, quando matavam o boi a primeira carne que se tirava era aquela manta que envolvia a costela. Enquanto continuava a faina de carnear e desossar, os gaúchos assavam o matambre – *mata hambre*, em espanhol – pra matar a fome, como o próprio nome diz. E até hoje a tradição continua. Quando se compra a costela no açougue, se vê aquela tira de cor rosada, que devemos separar, sob pena de ficar dura. Entretanto, enfiada, subindo e descendo pelo espeto e assada rapidamente, volta a cumprir sua função de matar ou de atiçar a fome. Cuide para que não fique seca, corte-a em pequenos pedaços, tenha a farinha por perto e sirva para os homens da casa.

E se você quiser um requinte a mais podemos preparar um matambre recheado. Aqui, o churrasqueiro já precisa trabalhar em sintonia com a cozinheira, para a preparação. Os procedimentos são os seguintes:

INGREDIENTES:

Uma larga peça de matambre, de cerca de 2kg; 2 dentes de alho, bem esmagados; 2 cebolas médias, bem picadas; 2 maços de cheiro verde, bem picados; 2 ovos cozidos, cortados em pedaços médios; 2 pimentas vermelhas, bem picadas; 2 copos de vinho branco seco; 3 limões galegos sumarentos; 1 lingüiça calabresa, não muito forte; 1 pimentão vermelho e outro amarelo, já cozidos e cortados à juliana; 1 colher de cravo da índia, moído; ½ xícara de pimenta-do-reino, moída; ½ copo de vinagre de maçã; sal fino, a gosto.

PREPARAÇÃO:

Estende-se o matambre sobre a mesa. Retira-se o excesso de gorduras e apara-se as pontas, para deixá-lo o mais retangular possível. Espreme-se o suco de um limão sobre ele e deixa-se assim um tempo, enquanto se prepara os outros ingredientes. Depois tempera-se com o sal, a pimenta, o cravo, cobre-se com o vinho e o vinagre e deixa-se em uma panela, por umas duas horas, para curtir.

Na segunda etapa dos trabalhos, estende-se de novo o matambre sobre a mesa, com a parte da gordura para cima. É a hora de colocar os recheios, que são distribuídos uniformemente sobre o matambre. Repare que a lingüiça, inteira, deverá ficar esticada no sentido do comprimento. Começamos então a enrolá-lo, lenta e firmemente, até ficar com a forma de um grosso salame, um rocambole de carne. Precisamos ter o cuidado de afiná-lo bem ou, melhor ainda, fechar as duas pontas para que não se percam as miudezas. Amarra-se bem, aumentando a pressão, com um barbante bem forte. A primeira parte está pronta. Agora temos que pedir licença na cozinha, e levamos a peça para a panela de pressão, onde ficará por cerca de 1 hora, coberto por água, no vinagre aromático e no vinho, e mais o resto da vinha d'alho, onde marinou. Findo este tempo, testamos a carne com a ponta da faca para ver o grau de maciez. Se aprovado, podemos servir assim quente, ou mesmo frio, como uma entrada. Porém, como temos uma irresistível vocação de churrasqueiros, espetamos com cuidado em um espeto duplo fino e levamos às brasas até tostar bem a parte de fora e esquentar mais ainda a de dentro. Trazemos quente para a tábua e cortamos em rodelas, que se mostrarão coloridas, para aprovação geral.

Morcelas ou morcilhas

Mais uma contribuição da colônia italiana para o churrasco brasileiro. Preparada com a carne de porco, picada junto com as gorduras e misturada com sangue, no caso da preta, a morcilha também é um aperitivo comum na área de imigração italiana. Deve ser espetada em um espeto fino e não precisa muito tempo de calor, até porque é consumida crua. Na verdade, o calor das brasas é apenas acréscimo de sabor.

Bolotas de queijo

É um provolone ou um *caccio-cavalo* esférico, do tamanho de uma bolinha de pingue-pongue, pronto para ser espetado. Basta cuidar para que não derreta demais. Podemos borrifar orégano e pingar azeite de oliva para agregar sabor, como vimos antes.

E AS SALADAS?

As saladas são o complemento natural do churrasco de hoje. A tradição gaúcha, voltada para a pecuária, não reconhecia a importância dos vegetais na alimentação. Felizmente, os conceitos mudaram e, hoje, dê-lhe saladas!

O excesso de carnes e sal exige que se restabeleça o equilíbrio, e aí entram as saladas, de novo. É a lei da compensação. Elas contribuem com as fibras e mais o frescor, um apoio que não nos pode faltar. Verdes, de preferência, devem ser as saladas. E simples. Porque o churrasco não combina com saladas muito sofisticadas. Misturas exóticas, por exemplo, mais perturbam do que destacam o gosto das carnes. E o churrasco, não esqueçamos, é um desfrute das carnes e seus prazeres. Portanto, só devemos acrescentar o que valorize a carne. Vamos a elas.

Salada de alface, tomate e cebola

A salada mais tradicional, e mais simples, para acompanhar o churrasco é a de alface, tomate e cebola. Como se diz no outro lado da fronteira, *lechuga, tomate y cebolla*. É fácil e rápida de preparar e cumpre sua função de amenizar o excesso de sal. Há várias maneiras de preparo. A mais usual é a seguinte: corta-se as folhas de alface em largas tiras, o tomate em rodelas ou, melhor, em pequenos gomos, e as cebolas, bem lavadas em água corrente, em finas rodelas. Tempera-se a gosto e mistura-se tudo. Ou, com os mesmos ingredientes, uma sugestão é que se faça três saladas separadas, porque sempre há os que não gostam disto ou daquilo, e, em especial, de cebolas.

Tudo verde

Uma rica combinação de vários verdes: chicória, alface, acelga, rúcula, agrião, radiche. Corte as folhas grandes em largas tiras, misture tudo, tempere com limão, pouco vinagre de maçã, muito azeite de oliva, cubra com cheiro verde picado e está pronto, puro frescor. Verde que te quero verde.

Salada de picles

Da área de colonização alemã nos vem a salada de picles, que também pode ser servida como entrada, picante que é. É simples. Tomamos pequenas cebolas, rabanetes, cenouras, couve-flor, pimentões, pepinos de conserva. Lavamos tudo bem, cortamos as pontas das cebolinhas, rabanetes e pepinos; fazemos em tiras os pimentões, dividimos as cenouras já raspadas em três partes, escolhemos talos da couve-flor e colocamos tudo em um vidro grande de boca larga. Acrescentamos bastante vinagre, completamos com água, acertamos o sal, uma pitada de açúcar, mais algumas folhas de louro, pimenta e está pronto. Deixamos na espera por quinze dias, para curtir bem. Guiamo-nos pelas cebolinhas. Quando se mostrarem macias, é sinal de que podemos servir.

Salada de batatas

Temos também a tradicional e popular salada de batatas com maionese, que é um acompanhamento bastante comum nos churrascos, e mais ainda nos galetos. Com a sua preferência alemã, é também parceira assídua nos assados com carne de porco. E os italianos dela se apropriaram e a agregaram ao galeto.

Mais fácil, porém não menos saborosa, é a simples salada de batatas, cozidas, cortadas em pequenos cubos – importante, isenta de maionese – e simplesmente temperada com um pouco de sal, muito azeite, e mais ainda, coberta fartamente de cheiro verde picado.

• • •

Fugindo um pouco do trivial, temos outras saladas, também simples e com ingredientes comuns. Porém, com combinações e preparos diferentes. Sempre tem aquele dia em que o churrasqueiro precisa mostrar mais serviço.

SALADA DE TOMATES-CEREJA COM QUEIJO-DE-MINAS

Uma salada bem refrescante? Veja só: algumas folhas de alface americana rasgadas irregularmente, cobrindo a saladeira. Solta-se por cima alguns tomates-cereja inteiros, ou cortados pelo meio, muitos cubos de queijo-de-minas, salpica-se orégano à vontade, principalmente sobre o queijo, e tempera-se com pouco sal, algum vinagre e muito azeite de oliva.

Salada de repolho roxo com iogurte

Queremos fibras e mais frescor? Basta tomar algumas folhas de repolho roxo, cortá-las em tiras bem fininhas, cobrir com maionese e iogurte natural. Misturamos bem e é só servir, que nem temperar precisa.

Salada grega

E da Grécia nos vem outra salada refrescante: pepinos com iogurte. Os ingredientes são os seguintes: 4 pepinos grandes, bem verdes. Um copinho de iogurte, 2 dentes de alho (opcional), uma colher de sopa de azeite de oliva e dois ramos de hortelã, bem fresca. Descascamos os pepinos e cortamos em rodelas bem finas. Colocamos um pouco de sal e deixamos descansar por meia hora. Enquanto isto, à parte, misturamos o azeite de oliva, as folhas picadas de hortelã e o alho bem amassado. Colocamos os pepinos na saladeira, desprezando a água que se formou. Juntamos o molho, enfeitamos com um galhinho de hortelã e levamos à geladeira, para servir bem gelado e refrescante.

Salada de manga e maçã com nata

E se quisermos usar frutas, e devemos, temos aqui uma boa sugestão. Manga e maçã cortadas em pequenos cubos e bem misturadas bem com nata ou creme de leite. Atenção, sem temperos.

Salada italiana

Para quem aprecia preparar tudo com antecipação, oferecemos uma salada de sucesso. Simplesmente radiche e cebola, mas, com um toque especial. Veja só. Cortamos as cebolas em tiras bem finas. Lavamos bem para tirar o excesso de ardência e deixamos por duas horas cobertas de açúcar. Na hora de servir, cortamos o radiche em largas tiras e forramos a saladeira. Colocamos as cebolas por cima e temperamos com pouco sal, pouco azeite e vinagre balsâmico, que é o segredo.

Salada de cenoura e beterraba raladas

Uma salada pouco comum: forramos a saladeira com alface crespa e ralamos, em escamas, cenoura e beterraba – atenção, cruas – por cima. Tempero a gosto.

Salada de beterraba, à maneira russa

E temos também uma salada de beterraba, russa de origem. Lavamos muito bem as beterrabas, pequenas e bem vermelhas, e cozinhamos com a casca até amaciar. Descascamos, cortamos em rodelas e reservamos. Aproveitamos a água da fervura, que ficou avermelhada, e temperamos com sal, vinagre, açúcar, cravo e canela e fervemos de novo, sem as beterrabas. Com esta água temperada cobrimos as rodelas de beterrabas e levamos à geladeira, de molho, por três dias para curtir e apurar o gosto. Na hora de servir, coamos tudo, desprezamos a água definitivamente e corrigimos os temperos. O resultado é exótico e agridoce.

Salada de radiche com bacon

Para acompanhar os galetos temos a tradicional salada de radiche com bacon. Toma-se o bacon inteiro, corta-se em cubos bem pequenos e leva-se à frigideira, onde se frita em sua própria gordura, até ficar durinho e crocante. Cuide para que não torre. Retira-se o bacon com a escumadeira, deixa-se escorrer a gordura e joga-se sobre os radiches já previamente cortados, na transversal, em tiras largas. Tempera-se com pouco sal, vinagre colonial de vinho e azeite.

Salada de feijão branco

E temos também uma salada de feijão branco, muito popular na Argentina. Cozinha-se o feijão branco, bem graúdo. Deixa-se esfriar e mistura-se com cebola crua, cortada em tiras bem finas, e cheiro verde, picado. Tempera-se a gosto.

Salada Waldorf

E para encerrar, uma variação da conhecida Salada Waldorf. Aqui vão os ingredientes, para quinze pessoas: um molho de aipo picado, 250g de nozes quebradas irregularmente, 6 maçãs vermelhas picadas sem tirar a casca, 2 latas de abacaxi picado, 2 vidros de palmito picado, 300g de uva passa branca, 2 caixinhas de creme de leite com soro, 1 pote de 500g de maionese. Misture tudo com três horas de antecedência e deixe na geladeira até servir.

• • •

E para enriquecer as saladas que já vimos e mais as que você pode criar, sugerimos molhos especiais que você mesmo pode preparar.

Molho de uvas-passas

Você pode preparar um versátil molho de uvas-passas, que poderá ser utilizado como tempero sobre as folhas de alface, chicória, endívias, radiche, rúcula etc. É simples e aqui temos os ingredientes: ½ xícara de uvas-passas, ½ xícara de molho de soja, 3 colheres (de sopa) de azeite de oliva, meia colher (de sopa) de cheiro verde picado, 1 dente de alho bem picado (opcional), suco de meio limão. Misture tudo e coloque sobre as folhas previamente arrumadas na saladeira.

Molho a vinagrete

É um molho simples e fácil de preparar. Os ingredientes são os seguintes: 1 colher (de sopa) de azeite, 1 colher (de sopa) de vinagre, 1 pitada de pimenta-do-reino, o suco de um limão e sal a gosto. Mistura-se tudo em uma cumbuquinha, aguardamos uma meia hora, para curtir, e está pronto para temperar nossas saladas.

• • •

Como vimos, as saladas entraram na moda, e há muitas mais que você pode criar. Em sua próxima visita ao mercado passeie entre as bancas de frutas e legumes e imagine as combinações que poderá fazer. Lembre-se que, simplesmente selecionando os vegetais pelas cores, estará atendendo às necessidades do organismo. Então, é só preparar uma salada gostosa e colorida. Além do que vimos acima, faça a sua escolha entre o aipo, o palmito, os rabanetes, os pimentões, as vagens, o pepino, a couve-flor, o brócolis. E se quiser adoçar mais a boca, quem sabe misturar algumas frutas, como nos exemplos que mostramos há pouco? Refrescantes gomos de laranja, deliciosos cubos de maçã, ácidas rodelas de abacaxis, perfumados gomos tangerinas, doces fatias de manga, aquosos pedaços de melancia. Lembre-se, culinária é a arte de misturar.

ACOMPANHAMENTOS

A rigor, os únicos acompanhamentos do churrasco devem ser os de sempre, os que a tradição manda: saladas, pão e farinha.

O pão, na sua simplicidade franciscana, combina com as carnes, equilibra o sal, prepara a boca para a mudança de gostos e, à maneira italiana, ainda pode ser passado no prato para apanhar o suco. Estamos falando, é claro, do pão d'água, o pão francês, na sua modesta mistura de trigo, água e sal. Ou até, por que não?, de um neutro pão árabe. Mas, sempre com a intenção de valorizar as carnes, não recomendamos os pães mais sofisticados, com misturas exóticas, o pão doce, o pão de sanduíche, o pão preto etc.

A farinha de mandioca tem uma única função: combater o excesso de gordura; e o faz a contento. Pode ser simples, ela mesma e nada mais. Ou transformada em farofa, ou seja, enriquecida com bacon, cubinhos de maçã, banana, abacaxi, uva passa, ameixa seca, lascas de azeitonas etc. Cuide apenas para que seja fresca, isto é, nova.

Importante também é ver o que não combina com o churrasco. Partindo do princípio de que o churrasco é um encontro para degustar as carnes, tudo que não ajuda, atrapalha. Assim, por exemplo, feijão e arroz não tem nada a ver com churrasco. E menos ainda batatinhas fritas, batata palha, panquecas, *soufflés*, pastéis, etc. e tal. Algumas pessoas organizam o cardápio do churrasco como se estivessem preparando um comercial *buffet* a quilo. Procure manter a harmonia do seu menu. Não distraia o paladar. Seja farto nas carnes e saladas e parcimonioso nos acompanhamentos. Para facilitar as coisas, veja na página.140 um cardápio completo para um churrasco dominical.

Adoçando a boca, as sobremesas

Sobremesa é coisa de mulher, diziam os machistas. Mas a verdade é que churrasco pede sobremesa. E não é para menos, depois de todo o festival de carnes e excesso de sal. Chegou a hora de adoçar a boca. A doçaria gaúcha tem uma tradição de acompanhamentos para restabelecer o equilíbrio. E é a ela que recorremos. Coisas simples, singelas, de acordo com suas origens campeiras. Um gosto de nostalgia.

Em muitas churrascadas é comum servir-se, após a orgia gastronômica, uma prosaica cesta de frutas. E não há nada mais refrescante: sumarentas laranjas, doces mamões, vermelhas melancias, açucaradas uvas. Cada região tem sua fruta predileta, em sua época certa.

E se quiser preparar sua sobremesa sem sair do âmbito da churrasqueira, há algumas soluções conhecidas e fáceis. Lembremos a mais comum:

Banana assada

Basta escolher as bananas caturras, uma para cada comensal, bem maduras e colocá-las sobre a grelha ou sobre dois espetos, em paralelo. Depois de uma meia hora de calor, a casca preteia e se abre. Está na hora. Colocamos a banana inteira no prato e, manejando garfo e faca, cortamos as duas pontas, abrimos e vemos aquela consistência cremosa. Borrifamos canela em pó e papamos tudo. Um doce.

Abacaxi com rum

Podemos também preparar um bom abacaxi, bem maduro, sobre as brasas. Cortamos algumas rodelas, sem descascar, colocamos sobre a grelha e salpicamos com um pouco de rum. Ou, se quisermos uma variação, basta passar uma leve camada de manteiga, polvilhar um pouco de açúcar e esperar até caramelar.

• • •

E se vamos até a cozinha, podemos preparar três doces, tradicionais e populares: a portuguesa ambrosia, o simplíssimo arroz-de-leite e o popularíssimo sagu.

Ambrosia

Vejamos a irresistível ambrosia. Para dez pessoas, os ingredientes são os seguintes: 1 litro de leite, de preferência integral; 1 dúzia de ovos; 1kg de açúcar; o suco de um limão ou uma laranja (melhor). E para o arremate, raspas bem fininhas da casca da laranja e do limão e mais uma pitada de cravo-da-índia. Coloca-se no liquidificador o leite, o açúcar, os ovos e o sumo da laranja. Bate-se até formar uma mistura homogênea. Passa-se para a panela e leva-se ao fogo baixo, mexendo até talhar. Junta-se as raspas da casca da laranja e do limão e mais o cravo-da-índia. Deixamos ferver até atingir a consistência desejada, o que dá cerca de uma hora de fogo baixo. Deixa-se esfriar e depois leva-se à geladeira para servir levemente gelado.

Arroz-de-leite

O arroz-de-leite, ou arroz-doce, tem um certo tom nostálgico, tão fora de moda está. Mas é só apresentá-lo à mesa que todos voltam ligeiros a recordações da infância. Vejamos os ingredientes: 1 litro de leite, de preferência integral; 250g de arroz; 100g de açúcar; 30g de manteiga; 1 gema; 5 folhas de laranjeira ou limoeiro ou bergamoteira; alguns cravos da índia; algumas lascas de canela em pó e canela moída à disposição. E se quiser incrementar, já fora da tradição, pode substituir o açúcar por uma meia lata de leite condensado. De qualquer maneira, a preparação é simples. Cozinha-se o arroz com todos os ingredientes, menos a canela em pó, e o leite fazendo o papel da água. Quando o arroz se mostrar cozido, estará pronto. Deixa-se esfriar, pode-se até refrescá-lo na geladeira, e serve-se polvilhado de canela. Os que tiverem sorte, receberão em seu pratinho uma das folhas de laranjeira, o que só incrementa o gosto. Ah, se você optou por acrescentar o leite condensado, a hora da mistura é quando o arroz está quase pronto, porém ainda bem molhado. E agora diga lá. Há quanto tempo você não saboreava um arroz-de-leite?

Sagu

E o sagu? Coisa do tempo da vovó. E desde o tempo da vovó existem várias receitas. Damos aqui uma espécie de receita oficial, ainda assim lembramos que é bem difícil acertar o ponto. O melhor mesmo é aproveitar a experiência da cozinheira da casa e pedir socorro.

Mas, na falta, aí vai. Os ingredientes são: 1½ xícara de sagu; 7 xícaras de água; uma casca de canela; 6 cravos-da-índia e 2½ xícaras de vinho tinto seco ou de suco de uva, bem encorpado, e açúcar na sua medida. Quando a água estiver fervendo, colocamos o sagu e deixamos em fogo médio, por cerca de meia hora. É preciso mexer de vez em quando para não grudar. Quando sentir que está cozido – quando as bolinhas se mostrarem transparentes –, acrescente o vinho ou o suco de uva, mexa devagar e mantenha em fogo médio por mais 15 minutos. Deixe esfriar e leve para a geladeira. O sagu pode ser servido puro ou, como é de praxe, coberto com creme de baunilha. Para preparar o creme de baunilha, a receita básica é a seguinte: 1 litro de leite integral; 4 gemas; 1 envelope de açúcar de baunilha e 2 colheres de sopa de maizena. Misture bem as gemas com a baunilha e o açúcar. Dilua a maizena no leite, mexendo lentamente. Misture tudo e leve ao fogo brando, mexendo devagar até se formar uma consistência cremosa, sem deixar ferver. Deixe esfriar e leve à geladeira. Mas de antemão avisamos, é difícil achar o ponto certo. Socorra-se, de novo, da mão santa da cozinheira da casa.

• • •

E se você está preparando um churrasco mais sofisticado ou para gente mais jovem, precisamos adequar as sobremesas ao nosso público. Sim, porque sobremesa também entra na moda. E agora é o momento das musses, dos pudins etc. E vamos a eles.

Musse de maracujá

Começamos com a brasileiríssima musse de maracujá, e que deve ser preparada de véspera. Os ingredientes são os seguintes: 250g de nata fresca; 1 lata de leite condensado; 2 claras e 2 gemas e, claro, 4 maracujás bem maduros. E assim preparamos: bater os miolos dos maracujás no liquidificador e coar duas vezes. Misturar este suco com a nata, o leite condensado e as duas gemas. Levar de novo ao liquidificador e reservar. À parte, bater as duas claras em neve e misturar tudo e direto para a geladeira. Outra técnica, mais fácil, é substituir a fruta pelo suco de maracujá, industrializado. Em ambos os casos, pode-se decorar a musse com sementes de maracujá.

Pudim de iogurte

E temos também um refrescante pudim de iogurte. Batemos no liquidificador uma lata de leite condensado desnatado, um copinho de iogurte natural light, de consistência firme, e a mesma medida, do iogurte, e mais um pouquinho, de leite desnatado. Despejamos na fôrma previamente caramelizada com uma xícara de açúcar, e colocamos no forno por trinta minutos. Levamos à geladeira por uma hora e meia e desenformamos.

SERVINDO O CHURRASCO

Servir o churrasco compreende certos rituais e cuidados.

Antes de mais nada, devemos deixar a mesa posta, com tudo preparado. Tudo arrumado, saladas e bebidas à disposição e convidados já sentados, aí, sim, é chegada a hora das carnes. As carnes pulam do fogo para a mesa, quentes, quentíssimas, crepitantes.

Em um churrasco padrão familiar, com os convivas sentados à mesa, há dois procedimentos mais comuns. No primeiro, ainda no âmbito da churrasqueira, o assador escolhe o espeto a servir, bate para tirar o sal ainda sobre as brasas, desespeta e corta em pequenos pedaços, que levará à mesa na própria tábua ou em uma gamela, de madeira não-porosa, relembramos. Na hora de fracionar a carne, há que se ter em vista os diferentes gostos e, até, manias. Assim, o assador deve chegar à mesa com uma oferta variada: malpassada, bem-passada, escorrendo sangue, sem nenhuma gordura, com alguma gordura, um tanto queimada, a parte de fora, a de dentro etc. Em pouco tempo o assador atento descobre e memoriza as preferências de seu público.

Outra maneira de servir é bater o espeto, para tirar o sal, e trazê-lo direto à mesa, como um troféu. Aí, desespeta-se sobre a tábua e começa-se a partilhá-lo, conforme os pedidos. Neste caso, é melhor que sejam espetos pequenos, para que não fiquem sobras esfriando e sendo refugadas. Aliás, em ambos os casos, se ficarem sobras devem ser retiradas e substituídas, sem muita demora. Embora também simples, este modo de servir supõe um churrasqueiro mais seguro e habilidoso.

O primeiro espeto a ser servido é muito importante porque representa o primeiro impacto. Como a primeira impressão é a que fica, pode representar a aceitação plena dos seguintes. Portanto, seleção criteriosa.

Na hora de servir, o assador deve abdicar de seu prato e dedicar-se a atender os convivas. Tem ainda muito trabalho. Deve atender os pedidos, manter a mesa bem servida, oferecer algum corte especial, vigiar os espetos no fogo, adivinhar algum desejo secreto, não interromper o fornecimento e, claro, estimular o clima de confraternização. Só depois de tudo atendido e todos satisfeitos é que o nosso assador se permite sentar-se e desfrutar daquele espeto egoistamente preparado.

Embora não haja uma regra, existe no inconsciente coletivo dos gaúchos uma certa ordem de servir as carnes. O mais tradicional é a seguinte seqüência: salsichão ou coraçãozinho, carne sem osso – picanha, alcatra, contrafilé –, costela, lombinho de porco, frango ou galeto. Em algumas regiões ainda é comum oferecer a carne de ovelha no final, antes do frango. De certa forma, esta ordem de servir preserva uma certa praticidade, visto que as últimas carnes a serem servidas, porco e frango, se sobrarem, serão mais facilmente reaproveitadas.

Um churrasco de domingo

Para facilitar a vida do assador montamos um cardápio padrão, para dez pessoas, típico de um churrasquinho dominical, com aquele ar familiar. Há uma variada oferta de carnes, e todas fáceis de assar e que, com certeza, atenderão ao gosto de seus convidados. E também os complementos são de rápido e fácil preparo.

CARNES E CIA.

lingüiça calabresa – aperitivo .... ½kg
salsichão de porco – 12 unidades 1kg
Picanha inteira 1,200kg
Contrafilé, limpo 1,500kg
Lombo de porco, temperado de véspera ......
.... 1,200kg
Frango – 8 sobrecoxas 1kg
6 batatas-doces, grandes, já cozidas
Farinha de mandioca .... ½kg
10 pãezinhos d'água

Salada

Alface................................ 2 pés, bem cheios
Tomates gaúchos, grandes, maduros .... 5 un.
Cebolas médias .... 5 un.

Bebidas

Cerveja, refrigerantes, sucos.

Sobremesa

Banana assada, com canela em pó.

PREPARANDO A FESTA

Preparamos a churrasqueira, organizamos a mesa, separamos e limpamos as carnes, retirando as gorduras e tudo que não as deixe apresentáveis.

Escolhemos um espeto duplo, fino, e espetamos os salsichões, bem encostados um no outro e já livres do cordão umbilical. A calabresa irá, dobrada em forma de C, para um espeto fino, chato.

A picanha será dividida em medalhões de três dedos de espessura, e irá para dois espetos. O contrafilé, conforme a largura da peça, irá para um espeto simples, largo, ou um duplo. O lombinho de porco será atravessado inteiro por um espeto largo. As sobrecoxas receberão dois espetos, para melhor controle do ponto. As batatas-doces, já cozidas, irão sem preocupação para um espeto simples, largo e chato.

Tudo preparado e chegados os convidados, podemos acender o fogo. Já sem fumaça e com as brasas bem vermelhas, vivas, colocamos os espetos em ação.

Aqui, a ordem dos fatores altera os produtos. Portanto, devemos levar nossas carnes ao fogo de acordo com suas características. Começamos com a picante calabresa, que não necessita maiores cuidados. Colocamos bem embaixo, porém pelo lado. Também ao lado, colocamos as batatas-doces, que assarão protegidas pela casca. Mais acima, porém com calor forte, colocamos os salsichões. No ponto mais quente do braseiro colocamos a picanha, com a manta de gordura para baixo. Agora é que as brasas avivam mesmo. Mais acima colocamos o contrafilé. E ao lado dele vão o lombinho e as sobrecoxas.

Tudo a postos, o assador só precisa controlar os espetos. Baixa um, levanta outro, troca um terceiro de lugar, aproxima e afasta das brasas, e assim segue sua faina prazerosa. E controla também o fogo: nada de chama alta e menos ainda de deixá-lo esmorecer.

No momento aprazado a calabresa será oferecida como aperitivo. Deverá estar bem assada, pode até queimar um pouco, e cortada em rodelas, com a farinha à disposição para atenuar a ardência.

Com os convidados já sentados, o assador apresenta-se com o espeto de salsichões. Na média, um por pessoa. Não mais, para não matar a fome. Em seguida vem a picanha, no ponto, com a gordura marmorizada pelo calor. Recebidos os primeiros elogios, está na hora de trazer o contrafilé, macio e saboroso. E agora vem o pãozinho francês, levemente aquecido.

Passada a agitação inicial, vem o seguimento com as batatas-doces, que serão abertas ao meio sobre a tábua. E já vêm junto as sobrecoxas, o que renova os interesses. Uma pequena folga e chega o lombinho de porco, dourado e cheiroso. Todos tiram uma lasquinha. E o assador já começa a atender os pedidos, renovando as ofertas.

Todo mundo feliz e satisfeito, vem a sobremesa. A simples banana, transformada pelo calor em uma pasta adocicada, um creme. Manuseada com garfo e faca e aberta sobre a própria casca, recebe a canela em pó e delicia mesmo aqueles que dizem "não, obrigado, não gosto de sobremesa".

Encerrados os trabalhos gastronômicos sobrou para o assador a doce tarefa de "arrumar a casa", coisa que deve fazer com alegria e boa vontade. E ainda são muitas suas funções: limpar a churrasqueira, lavar bem os espetos, dar um destino às carnes que sobraram, guardar as facas, escovar e secar bem a tábua de servir, conferir o fogo e o carvão, ou seja, deixar tudo em ordem que no próximo domingo começa tudo de novo.

Nada se perde, tudo se transforma — Reaproveitando

Em um país como o nosso, com tantas diferenças sociais, desperdiçar comida é um crime moral. Portanto, vamos reaproveitar o que sobrar.

Há dois tipos de sobra nos churrascos: a carne fresca que, na hora da verdade, não chegou a ser necessária, e aquela que foi assada. A carne crua não apresenta problemas. Se era fresca, será etiquetada e guardada para o próximo churrasco. Se foi descongelada, não deverá mais voltar ao freezer e, sim, ser entregue à cozinha, onde receberá o aproveitamento trivial. Relembramos que todas as carnes que podem ser usadas para o churrasco também podem, no mínimo, ir para o forno.

Algumas sobras de churrasco assadas podem ser consumidas mais tarde, sem nenhuma perda de sabor. É o caso dos frangos e galetos, que podem ser consumidos frios até, ou aquecidos no forno. O mesmo acontece com o pernil e o lombinho de porco. Até a nobre picanha, pode ser, agora sim, fatiada e servida como um rosbife. Ou ser o recheio de um bem fornido sanduíche. Da mesma maneira, as carnes de frango, desfiadas, cumprem novas funções como molho para as massas, por exemplo. Ou, se tivessem sido cortadas em cubos, enriqueceriam um arroz com galinha. Ou dariam origem a um frango xadrez, à chinesa. Da mesma maneira, vários cortes podem ser aproveitados para a cobertura de pizzas, incluindo aqui as lingüiças e rodelas de salsichão.

Fácil de preparar com as sobras é o salpicão. Basta cortar as carnes, bem limpas de gorduras – gado, porco, frango – em pequenas tiras. Prepara-se à parte uma mistura de maionese, mostarda e catchup e, por que não? cebolinha verde picada. Mistura-se tudo e serve-se em uma saladeira forrada de folhas de alface americana ou chicória. No fim da tarde, acompanhado de uma cervejinha, é um leve jantar.

As carnes mais difíceis de aproveitar são aquelas com osso, que é o caso das costelas. Em geral, pode-se apenas esquentá-las novamente no forno e servir como um novo churrasco, caseiro. Neste caso, é preciso cuidar para não deixar assar novamente, o que a deixaria muito seca, e, portanto, mais dura.

A carne de ovelha é um dos poucos casos de difícil reaproveitamento. Perde o gosto, logo adquire um cheiro forte e a gordura se solidifica. É melhor que seja sempre consumida na hora, como churrasco, e bem quente.

O mais elementar dos aproveitamentos é simplesmente moer a carne. A partir daí, poderá ir para o pastel, o croquete, os molhos de massas, recheios vários etc. Antes deste gesto extremo, poderíamos também picar a carne para acompanhar as batatas, abóboras, cenouras etc.

E o feijão de segunda-feira? Aceita de bom grado vários cortes, como se fossem charque, mais as lingüiças, salsichão e até pedaços de costela.

Outro aproveitamento bastante comum é o arroz-de-carreteiro. Aproveitam-se aí as partes de carne sem osso e, de preferência malpassadas. Como já estão temperadas e semiprontas, leva-se à panela, para uma rápida refogada, antes de receber o arroz. A partir daí, há várias escolas para completar o prato. Uns deixam o arroz bem molhado, outros deixam-no bem seco. Outros mais acrescentam um tomate ou uma cebola, ou cobrem-no na hora de servir com cheiro verde ou ovo picado, que tudo é válido se atende ao bom paladar.

Uma observação importante: logo que se percebe que teremos sobra, devemos ter outros cuidados com a carne. Pode até continuar a ser assada, mas deverá ser retirada do fogo mais cedo, ou seja, mais para malpassada. Nunca devemos deixar a carne abandonada, esquecida na churrasqueira. Mesmo com o fogo fraco ou até apagado, o calor se mantém, c o processo de desidratação continua. É preciso, portanto, separar logo a carne, para que mantenha o suco. Alguns assadores mais previdentes organizam esta sobra, preparando de propósito um ou outro espeto para o dia seguinte.

Molhos e temperos

Por princípio, o único tempero do churrasco é o nosso famoso sal grosso.

Entretanto, como vamos lidar com outras carnes como o lombinho de porco, as aves etc. e como tudo evolui, outros hábitos se incorporam ao nosso churrasco. Veremos abaixo algumas receitas, testadas e aprovadas, e de fácil confecção.

Tempero para galeto I

Ingredientes:

4 cebolas médias; 1 dente de alho; algumas folhas de hortelã; algumas folhas de rúcula bem fresca; um maço de manjerona verde, picada; um maço de cheiro verde; 1 noz moscada pequena, ralada; uma colher, de sopa, de sálvia; meia colher, de sopa, de pimenta-do-reino; uma colher, de chá, de pimenta calabresa; duas colheres, de sopa, de orégano e sal a gosto.

PREPARAÇÃO:

Descasque e lave bem as cebolas e corte-as em gomos. Coloque-as, em três etapas, no liquidificador, sem água, bata até desmanchar e depois vá acrescentando os demais ingredientes e batendo de novo. Corrija o sal e a pimenta. Ao final, teremos uma espécie de creme esverdeado, espesso. Coloque os galetinhos, cortados para os espetos e já previamente lavados e escorridos, numa gamela e cubra com o molho. Deixe-os passar a noite assim, trocando de posição de vez em quando.

Na hora de assar, basta espetar e cobrir com o molho. Começa-se com a parte côncava para cima, para que receba e absorva mais algum tempero. Durante o processo, usa-se a colher de cabo longo, para continuar molhando de tempos em tempos. Não precisa usar o sal grosso; cuide para que não passe do ponto e sirva coberto com o molho, sem bater. E conte aqui para nós, não é uma delícia?

TEMPERO PARA GALETO II

Se você achou a receita anterior muito complexa, ou, quem sabe, picante, oferecemos aqui uma outra proposta, mais suave.

INGREDIENTES:

2 copos de vinho branco seco; um copo grande de suco natural de laranja, feito na hora; uma colher, de sopa, de mostarda forte, de boa qualidade; uma colher grande de sálvia picada; 2 xícaras de cebola bem lavada e picada; um maço de cheiro verde picado; uma colher de pimenta branca moída; sal grosso.

PREPARAÇÃO:

Misture tudo na sua gamela de estimação, menos o sal grosso e o tempero verde. Lave bem o galeto, escorra, corte os pedaços a seu critério. Coloque-os na gamela, esfregue bem o tempero e deixe-o nesta imersão, trocando de posição.

Espete os pedaços, use o sal grosso normalmente. Borrife de vez em quando com o resto do tempero. Asse de acordo com sua técnica, apenas cuidando que o ponto certo do galeto é um pouco antes. Ficou claro? Quando estiver quase pronto, bata para tirar o sal grosso, coloque novamente sobre as brasas, molhe mais uma vez dos dois lados com o saldo de tempero e salpique com o cheiro verde e as cebolas picadas. Aguarde mais um pouco. Manobre os espetos com cuidado para não perder as cebolinhas e a salsa, e pode servir. Gosto de vinho e laranja e a carne tostadinha? Que gostosura!

Vinha d'alho

Há muitas receitas de vinha d'alho e você também pode criar a sua, colocando ou tirando algum ingrediente. Experimente.

Apresentamos uma receita básica, fácil de preparar e de agrado geral.

Ingredientes:

1 dente de alho bem picado; 1 cebola média picada; 2 folhas de louro verdes; 2 copos de vinho branco seco; 2 limões sumarentos para espremer direto sobre a carne; 1 colher, de sopa, de colorau para dar a cor; 2 colheres de vinagre de vinho bem aromático (ou de maçã); 1 colher grande de molho inglês; 1 pimenta vermelha bem picada; sal e pimenta-do-reino a gosto.

Preparação:

Misture tudo na gamela, esprema os limões sobre a carne e deixe-a imersa no tempero a noite toda, trocando de posição. Durante o assamento, vá despejando aos poucos o resto do tempero.

Molho Brávo – Bar Líder

Esta é a receita original do tradicional Molho Bravo, servido no antigo Bar Líder, de Porto Alegre, uma referência de tempero forte e picante. Daí o nome, até. Deve ser usado com parcimônia e é um acompanhamento revigorante para as carnes, em especial de porco. Por precaução, recomenda-se ter sempre um copo de choppe, à mão, na hora de provar. Bravo, bravíssimo!

Ingredientes:

2 cebolas médias; 100g de pimenta malagueta, pequena, vermelha; 1 cabeça de alho, pequena; 1 copo de azeite de oliva; 1 colherinha de pimenta calabresa forte; sal a gosto.

preparação:

Bata no liquidificador as cebolas previamente cortadas, os dentes de alho e a malagueta. Junte em seguida a calabresa, o azeite e o sal. Bata mais um pouco até a mistura ficar homogênea. Deixe curtir uns dois dias e pode servir, sem abusar.

Observe que, como não contém nenhum conservante, este molho deve ser mantido na geladeira e consumido sem muita demora. Aconselha-se a fazer sempre em pequenas quantidades.

MOLHO CHIMICHURRI

Companheiro popular das carnes no Uruguai e Argentina, o chimichurri ainda é pouco conhecido no Brasil. Além-fronteira, vem servido em um pequeno pote e, segundo o lugar, às vezes é espesso como um creme e outras vezes é bem ralo. O uso indica, conforme a sua fortidão, colocar um pouco sobre a carne ou então colocar o molho sobre o prato e tocar com a carne, só para dar uma espertada no gosto. Esta receita é autêntica e veio de uma churrascaria no Mercado do Porto, em Montevidéu, templo sagrado dos apreciadores das carnes.

INGREDIENTES:

1 pimentão verde; 1 cebola média; 10 pimentas vermelhas, frescas; 6 dentes de alho, grandes; ½ xícara de orégano; 1 xícara de azeite dc oliva; 1 xícara de água; 2 colheres (de sopa) de sal; ½ colher (de sopa) de pimenta moída.

PREPARAÇÃO:

Lave bem a cebola, para tirar o excesso de ardência. Corte-a em gomos e o pimentão em pedaços irregulares. Pique bem o alho e a pimenta vermelha. Coloque a ccbola no liquidificador, com bem pouca água, e bata por um minuto. Acrescente os demais ingredientes e bata por mais dois ou três minutos, até o molho se tornar pastoso.

Congelando

Cada vez mais entramos no império das carnes industrializadas e, portanto, congeladas e/ou resfriadas. É uma tendência irreversível e precisamos aprender a conviver com ela. O açougue de bairro com carne fresca diariamente é uma entidade em vias de extinção. A carne dos grandes frigoríficos é inspecionada e, além disto, a própria estrutura industrial garante melhor controle, higiene e portanto qualidade. E mais, são as técnicas adequadas de refrigeração e conservação que nos garantem o abastecimento durante o ano todo, sem aquela história de safra e entressafra, inclusive quanto a preços. E assim, o preconceito quanto a carne congelada vai desaparecendo.

Se você aproveitou a oportunidade e comprou carne fresca para um congelamento caseiro, precisa tomar alguns cuidados. Primeiro: limpe bem a carne como se fosse prepará-la para o fogo, agora. Segundo: faça cortes e embale já apropriadamente para o espeto. Assim, terá maiores possibilidades de escolha na hora de descongelar. Terceiro: embale e proteja bem a carne com plástico mais consistente ou sacos duplos. Não esqueça que o frio também queima. E por último coloque sempre uma etiqueta, indicando a data, o peso, o corte e seu destino. Não esqueça a etiqueta. Congeladas, todas as carnes se parecem.

Nem falamos, mas é claro que só se congela carne fresca, ou seja, não devemos recongelar e nem levar ao freezer uma carne assada que antes havia sido já congelada. Porém... porém, se você recebeu carne de um animal recém-abatido, deve deixá-la na geladeira, para maturar, por um dia, antes de congelá-la.

E para descongelar?

O segredo é ser gradativo. Também aqui o churrasco começa na véspera. Isto significa que a carne deve sair do freezer e ir para a geladeira com 24 horas de antecedência. Só depois é que deve ficar na temperatura ambiente, e só mais tarde, completamente descongelada, é que deve enfrentar o calor do fogo. Quando não se obedece a esta técnica, temos como resultado uma carne que até fica assada por fora, porém, em seu miolo, se mostrará completamente crua. Será quase que obrigatoriamente ruim de aspecto e de gosto.

A propósito, muitas vezes se vê no balcão dos supermercados uma carne resfriada, embalada a vácuo, e com a cor bem escura, preta até. Não se assuste, não está estragada. Basta abrir a embalagem que com a oxigenação, voltará à sua cor natural.

E qual é a duração das carnes congeladas?

Em um freezer caseiro a duração depende de vários fatores. Os cortes, a maior ou menor presença de gordura, a embalagem, o uso do freezer etc., tudo influi na durabilidade. Observe a tabela abaixo.

DURABILIDADE MÉDIA DAS CARNES CONGELADAS

Carne bovina	12meses
Carne suína	6 meses
Carne ovina	6 meses
Frangos e galetos	10 meses
Lingüiça, salsichão	2 meses
Miúdos	3 meses
Frutos do mar	3 meses

Bebidas

A cerveja está diretamente associada ao churrasco e vice-versa. Na verdade, a popular cervejinha gelada cumpre a contento sua missão de refrescar e reidratar o organismo, castigado pelo excesso de carne assada e bem salgada. Pretexto é que não falta para os bebedores de cerveja.

Há também os defensores dos refrigerantes levemente adocicados e gaseificados, que também cumprem sua missão refrescante. Da mesma forma, e com mais razão, acontece com os defensores dos sucos naturais. Os sucos, de laranja em especial, além de adoçarem a boca, fornecem as fibras de que tanto precisamos. Se tivéssemos que indicar uma bebida correta, em termos alimentares, para acompanhar o churrasco, indicaríamos sempre os sucos naturais. Se bem que é muito difícil abdicar da cervejinha...

E os vinhos?

Para acompanhar um galeto sempre nos lembramos de um bom vinho. E com razão. Culturalmente sempre estiveram juntos, preferência natural dos imigrantes italianos. Tinto ou branco, o galeto pede vinho.

E se você preparou peixes ou outros frutos do mar, a indicação certeira é de novo para os vinhos.

E mesmo as carnes vermelhas aceitam um bom tinto leve e frutado. Da mesma maneira, as carnes de porco e de carneiro requerem um tinto bem encorpado.

Em geral, nos churrascos, há preferência maior pelos vinhos brancos, até por serem servidos gelados, o que passa uma sensação de mais frescor.

A simplicidade e a versatilidade do churrasco aceitam muitas combinações de bebidas. Portanto, não se preocupe muito com as regras e sim com o bem-estar de seus convidados.

Uma observação final. Em geral nos churrascos se come muito, às vezes até demais. Junte-se a este excesso de comida a euforia, a digestão mais difícil, uma certa sonolência até, os aperitivos, muita bebida, e temos um cenário de risco bastante grande, na hora de ir embora. Portanto, se você vai para um churrasco, para desfrutar mais à vontade, organize o seu retorno. E se você é o anfitrião, na hora das despedidas, procure manter a situação sob controle. Muita comida e muita bebida não combinam com automóveis.

Como organizar um churrasco para cem pessoas sem perder a calma

Se você está preparando uma grande churrascada, daquelas de ficar na história da família, lembre-se que a organização é fundamental. Em churrascos para um pequeno número de amigos o improviso e a última hora até trazem um certo charme. Porém, com muita gente reunida a improvisação não funciona. Portanto, organize-se a partir da lista abaixo. Tudo com antecedência, é claro.

Pessoal:

– assador chefe
– auxiliares de churrasqueira – no mínimo dois
– pessoal para servir
– encarregado das bebidas
– pós-festa – arrumação, limpeza, devoluções etc.

Equipamento:

– espetos – considere a média de um espeto para cada duas pessoas. Providencie espetos de tipos variados, largos, finos, duplos, chatos, redondos etc.

– facas de churrasco e chaira
– talheres – em especial facas serrilhadas
– copos e pratos
– bandejas
– saladeiras
– tábuas ou fôrmas para servir
– panos de prato – vários
– abridores de garrafas e saca-rolhas – vários
– guardanapos
– farinheiras
– material de limpeza e sacos para lixo

PRODUTOS:
– aperitivos
– carnes – de acordo com a proposta – ver pág.106
– saladas
– pão
– farinha de mandioca
– sal grosso e temperos
– carvão, álcool e fósforos
– bebidas variadas
– gelo, se for o caso
– sobremesas ou frutas
– café, chá ou chimarrão

Tabela das calorias

Em tempos de geração-saúde, você quer curtir seu churrasquinho sem se sentir culpado. A preferência hoje é por carnes mais magras e com menor índice de colesterol. Mas, sejamos sinceros, devemos reconhecer que a carne vermelha, mesmo magra, tem o seu percentual de gordura. Então, o seu comportamento deve ser não de privar-se permanentemente, e sim o de compensar. Exagerei nas carnes no fim de semana? Compenso nos dias seguintes com massas, saladas, peixes etc. Para seu controle, deve conhecer as carnes e as calorias. Examine a tabela abaixo.

QUANTIDADE DE CALORIAS POR CADA 100G

carne de galinha magra	124
coraçãozinho de galinha	116
carne de galinha gorda	246
costela de boi	453

pele de galinha 223
costela de porco 411
carne gorda de carneiro 317
lombo de porco 237
carne magra de carneiro 206
carne gorda de porco 276
carne gorda de boi 225
carne magra de porco 165
carne magra de boi 145
salsichão 450
lingüiça de boa qualidade 305
dourado 88
anchova 106
bacalhau 130
tainha 115
sardinha 124
farinha de mandioca 354
musse de maracujá 285
sagu com creme 130
ambrosia 220
provolone 337
gorgonzola 480
berinjela 27
batata-doce 116
alface, chicória, agrião 20
batata-inglesa 75
pão francês 134

manteiga	750
margarinas	740
óleo de soja	800

QUANTIDADE DE CALORIAS /ML

sucos naturais 100ml	70
cerveja 700ml – clara	131
cerveja 700ml – escura	186
refrigerante 100ml	42
vinho 100ml	85
caipirinha 100ml	252

Dicas infalíveis para o churrasqueiro de sucesso

Relembrando

Agora que você já leu tudo, fez os testes, trocou experiências com os amigos, arriscou-se, cometeu alguns erros e muitos acertos, certamente já sabe tudo sobre churrasco, mais, tornou-se até um churrascólatra. Mas lembre-se que em matéria de gastronomia estamos sempre aprendendo e sempre temos alguma coisa a mais para aprender. Dê uma olhada nestas dicas, pequenos detalhes que marcam o seu sucesso frente às carnes.

✔ Cada carne tem seu ponto certo de servir. Descubra-o e respeite-o.

✔ As melhores carnes são sempre compradas na véspera, com calma e olho clínico.

✔ Sempre prepare a carne antes de espetar, limpando-a de todas as gorduras, pelancas, sebo, nervos etc.

✔ Divida a carne em vários espetos para facilitar o controle e acertar o ponto preferido de cada convidado. E use o espeto adequado para cada corte.

✔ Mantenha os espetos sempre com a inclinação para dentro, o que fará com que a gordura pingue sobre as brasas.

✔ Não exagere nos aperitivos, sob pena de os convidados depois, enfarados, refugarem as carnes.

✔ Há um momento certo de servir. Se o churrasco passa da hora, as pessoas perdem a fome.

✔ Considere que, em geral, as mulheres comem menos carnes vermelhas que os homens. Às vezes, é o caso de reforçar o estoque de galetinhos.

✔ Crianças beliscam muito e comem pouco. Prepare-lhes coxas de frango, que terão mais aceitação.

✔ Em geral, quando estão somente homens reunidos, o consumo de carne é maior.

✔ Prepare tudo, inclusive as carnes nos espetos, porém só acenda o fogo quando os convidados chegarem

✔ O braseiro bom é forte, vivo, brasa vermelha e sem fumaça. Portanto, não deixe o fogo morrer. Alimente-o de novo, se mostrar-se moribundo.

✔ Estamos bem entendidos, não é? O que assa é o calor, nunca a chama.

✔ Carnes com muita gordura ou com muito osso sobram mais.

✔ Há cortes de carnes que, definitivamente, não se prestam para o churrasco.

✔ A função dos temperos, no churrasco, é ressaltar o gosto da carne e não mascarar, embaralhar, confundir o sabor.

✔ Se um espeto ficou com aspecto feio, pontas e sobras, não o leve para a mesa. Corte em pedaços pequenos, coloque em um prato e passe e sirva.

✔ Se na hora de preparar os espetos sentir que alguma carne está com um cheiro, digamos, muito forte, não se assuste. Discretamente, lave-a bem em água corrente, deixe escorrer e depois borrife com vinagre de vinho ou esprema um limão.

✔ Não se esqueça: crua ou assada, a carne é cortada no sentido transversal às fibras.

✔ Para maior tranqüilidade frente às brasas, deixe tudo o mais já pronto: mesa, pratos, bebidas, saladas etc. O assador precisa de concentração.

✔ Não se afobe, não passe nervosismo ou insegurança para o grupo. No fim, tudo dá certo.

✔ Lembre-se, o bom astral faz parte do cardápio.

Os prazeres da carne

Meus parabéns. Você leu tudo, recolheu muitas informações, aprendeu alguns truques, confirmou muitas coisas que já sabia, arriscou-se com algumas experiências novas, não teve medo de enfrentar o fogo. Agora já faz parte da imensurável confraria dos churrasqueiros anônimos. Esses assadores, amantes das carnes, que transformaram o churrasco gaúcho no prato típico nacional. Sim, o nosso churrasco. Hoje, está estatisticamente provado, o churrasco bateu a tradicional feijoada e até o trivial feijão, arroz, bife e batatinha. E certamente você é mais um dos que descobriram o dominical prazer de reunir a família e os amigos em volta do fogo. E esse calor das brasas é uma materialização do calor humano que deve presidir estas reuniões, plenas de boas carnes e bons fluidos. Bem comer é bem viver. Reúna sua turma e mãos à obra. Bom apetite!

ÍNDICE REMISSIVO

Coleção L&PM POCKET

1. **Todas as histórias do Analista de Bagé** – L. F. Verissimo
2. **Poesias** – Fernando Pessoa
3. **O livro dos sonetos** – org. Sergio Faraco
4. **Hamlet** – Shakespeare – trad. Millôr Fernandes
5. **Isadora, fragmentos autobiográficos** – Isadora Duncan
6. **Histórias sicilianas** – Giuseppe di Lampedusa
7. **O relato de Arthur Gordon Pym** – Edgar Allan Poe
8. **A mulher mais linda da cidade** – C. Bukowski
9. **O fim de Montezuma** – Hernan Cortez
10. **A ninfomania** – D. T. Bienville
11. **As aventuras de Robinson Crusoé** – Daniel Defoe
12. **Histórias de amor** – A. Bioy Casares
13. **Armadilha mortal** – Roberto Arlt
14. **Contos de fantasmas** – Daniel Defoe
15. **Os pintores cubistas** – G. Apollinaire
16. **A morte de Ivan Ilitch** – L.Tolstoi
17. **A desobediência civil** – David Henry Thoreau
18. **Liberdade, liberdade** – Flávio Rangel e Millôr Fernandes
19. **Cem sonetos de amor** – Pablo Neruda
20. **Mulheres** – Eduardo Galeano
21. **Cartas a Théo** – Van Gogh
22. **Don Juan** – Molière – Trad. e adaptação de Millôr Fernandes
23. **A mulher do Silva** – L. F. Verissimo
24. **Horla & outras histórias** – Guy de Maupassant
25. **O caso de Charles Dexter Ward** – H. P. Lovecraft
26. **Vathek** – William Beckford
27. **Hai-Kais** – Millôr Fernandes
28. **Adeus, minha adorada** – Raymond Chandler
29. **Cartas portuguesas** – Mariana Alcoforado
30. **A mensageira das violetas** – Sonetos – Florbela Espanca
31. **Espumas flutuantes** – Castro Alves
32. **Dom Casmurro** – Machado de Assis
33. **Ed Mort - todas as histórias** – Luis Fernando Verissimo
34. **Alves & Cia.** – Eça de Queiroz
35. **Uma temporada no inferno** – Arthur Rimbaud
36. **A correspondência de Fradique Mendes** – Eça de Queiroz
38. **Antologia poética** – Olavo Bilac – Seleção de Paulo Hecker Fº
39. **Rei Lear** – W. Shakespeare – Trad. de Millôr Fernandes
40. **Memórias póstumas de Brás Cubas** – Machado de Assis
41. **Que loucura!** – Woody Allen
42. **O duelo** – Casanova
43. **A mãe do Freud** – Luis Fernando Verissimo
44. **Gentidades** – Darcy Ribeiro
45. **Memórias de um Sarg. de Milícias** – Manuel A. de Almeida
46. **Os escravos** – Castro Alves
47. **O desejo pego pelo rabo** – Pablo Picasso
48. **Os inimigos** – Máximo Gorki
49. **O colar de veludo** – Alexandre Dumas
50. **Livro dos bichos** – Org. de Sergio Faraco
51. **Quincas Borba** – Machado de Assis
52. **O marido do Dr. Pompeu** – Luis Fernando Verissimo
53. **O exército de um homem só** – Moacyr Scliar

54. **Frankenstein** – Mary Shelley
55. **Dom Segundo Sombra** – Ricardo Güiraldes
56. **De vagões e vagabundos** – Jack London
57. **O homem bicentenário** – Isaac Asimov
58. **A viuvinha** – José de Alencar
59. **Livro das cortesãs** – Org. de Sergio Faraco
60. **Últimos poemas** – Pablo Neruda
61. **A moreninha** – Joaquim Manuel de Macedo
62. **Cinco minutos** – José de Alencar
63. **Saber envelhecer e a amizade** – Cícero
64. **Enquanto a noite não chega** – Josué Guimarães
65. **Tufão** – Joseph Conrad
66. **Aurélia** – Gérard de Nerval
67. **I-Juca-Pirama** *seguido de* **Os Timbiras** – Gonçalves Dias
68. **Fábulas de Esopo**
69. **Teresa Filósofa** – Anônimo do Séc. XVIII
70. **Aventuras inéditas de Sherlock Holmes** – A. C. Doyle
71. **Antologia poética** – Mario Quintana
72. **Antes e depois** – Paul Gauguin
73. **A morte de Olivier Bécaille** – Émile Zola
74. **Iracema** – José de Alencar
75. **Iaiá Garcia** – Machado de Assis
76. **Utopia** – Tomás Morus
77. **Sonetos para amar o amor** – Luis Vaz de Camões
78. **Carmem** – Prosper Mérimée
79. **Senhora** – José de Alencar
80. **Hagar, o horrível 1** – Dik Browne
81. **O coração das trevas** – Joseph Conrad
82. **Um estudo em vermelho** – Sir Arthur Conan Doyle
83. **Todos os sonetos** – Augusto dos Anjos
84. **A propriedade é um roubo** – P.-J. Proudhon
85. **Drácula** – Bram Stoker
86. **O marido complacente** – Marquês de Sade
87. **De profundis** – Oscar Wilde
88. **Sem plumas** – Woody Allen
89. **Os bruzundangas** – Lima Barreto
90. **O cão dos Baskervilles** – Sir Arthur Conan Doyle
91. **Paraísos artificiais** – Charles Baudelaire
92. **Cândido, ou o otimismo** – Voltaire
93. **Triste fim de Policarpo Quaresma** – Lima Barreto
94. **Amor de perdição** – Camilo Castelo Branco
95. **Megera domada** – W. Shakespeare – Trad. Millôr Fernandes
96. **O mulato** – Aluísio Azevedo
97. **O alienista** – Machado de Assis
98. **O livro dos sonhos** – Jack Kerouac
99. **Noite na taverna** – Álvares de Azevedo
100. **Aura** – Carlos Fuentes
101. **O suicida e o computador** – Luis Fernando Verissimo
102. **Contos gauchescos e lendas do sul** – Simões Lopes Neto
103. **O cortiço** – Aluísio Azevedo
104. **Marília de Dirceu** – Tomás Antônio Gonzaga
105. **O Primo Basílio** – Eça de Queiroz
106. **O ateneu** – Raul Pompéia
107. **Um escândalo na Boêmia** – Sir Arthur Conan Doyle
108. **Contos** – Machado de Assis

109. **200 Sonetos** – Luis Vaz de Camões
110. **O príncipe** – Maquiavel
111. **A escrava Isaura** – Bernardo Guimarães
112. **O solteirão nobre** – Sir Arthur Conan Doyle
113. **Sexo na cabeça** – Luis Fernando Verissimo
114. **Shakespeare de A a Z** – William Shakespeare
115. **A relíquia** – Eça de Queiroz
116. **Orgias** – Luis Fernando Verissimo
117. **O livro do corpo** – Vários (org. de Sergio Faraco)
118. **Lira dos 20 anos** – Álvares de Azevedo
119. **Esaú e Jacó** – Machado de Assis
120. **A barcarola** – Pablo Neruda
121. **Os conquistadores** – Júlio Verne
122. **Contos breves** – G. Apollinaire
123. **Taipi** – Herman Melville
124. **Livro dos desaforos** (Poesias) – Org. de Sergio Faraco
125. **A mão e a luva** – Machado de Assis
126. **Doutor Miragem** – Moacyr Scliar
127. **O penitente** – Isaac B. Singer
128. **Diários da descoberta da América** – Cristóvão Colombo
129. **Édipo Rei** – Sófocles
130. **Romeu e Julieta** – William Shakespeare
131. **Hollywood** – Charles Bukowski
132. **Billy the Kid** – Pat Garrett
133. **Cuca fundida** – Woody Allen
134. **O jogador** – Dostoiévski
135. **O livro da selva** – Rudyard Kipling
136. **O vale do terror** – Sir Arthur Conan Doyle
137. **Dançar tango em Porto Alegre** – Sergio Faraco
138. **O gaúcho** – Carlos Reverbel
139. **A volta ao mundo em oitenta dias** – Júlio Verne
140. **O livro dos esnobes** – W. M. Thackeray
141. **Amor & morte em Poodle Springs** – Raymond Chandler & Robert Parker
142. **As aventuras de David Balfour** – Robert L. Stevenson
143. **Alice no País das Maravilhas** – Lewis Carroll
144. **A ressurreição** – Machado de Assis
145. **Inimigos, uma história de amor** – Isaac. B. Singer
146. **O Guarani** – José de Alencar
147. **Cidade e as serras** – Eça de Queiroz
148. **Eu e outras poesias** – Augusto dos Anjos
149. **A mulher de trinta anos** – Honoré de Balzac
150. **Pomba enamorada e outros contos** – Lygia Fagundes Telles
151. **Contos fluminenses** – Machado de Assis
152. **Antes de Adão** – Jack London
153. **Intervalo amoroso e outros poemas escolhidos** – Affonso Romano de Sant'Anna
154. **Memorial de aires** – Machado de Assis
155. **Naufrágios e comentários** – Álvar Nuñes Cabeza de Vaca
156. **Ubirajara** – José de Alencar
157. **Textos anarquistas** – Michael Alexandrovich Bakunin
158. **O pirotécnico Zacarias** – Murilo Rubião
159. **Amor de salvação** – Camilo Castelo Branco
160. **O gaúcho** – José de Alencar
161. **O Livro das maravilhas** – Marco Polo

162. Inocência – Visconde de Taunay
163. Helena – Machado de Assis
164. Uma estação de amor – Horácio Quiroga
165. Poesia reunida – Martha Medeiros
166. Memórias de Sherlock Holmes – Sir Arthur Conan Doyle
167. A vida de Mozart – Stendhal
168. O primeiro terço – Neal Cassady
169. O mandarim – Eça de Queiroz
170. Um espinho de marfim – Marina Colasanti
171. A ilustre Casa de Ramires – Eça de Queiroz
172. Lucíola – José de Alencar
173. Antígona – Sófocles – trad. Donaldo Schüler
174. Otelo – William Shakespeare
175. Antologia – Gregório de Matos
176. A liberdade de imprensa – Karl Marx
177. Casa de pensão – Aluísio Azevedo
178. São Manuel Bueno, Mártir – Miguel de Unamuno
179. Primaveras – Casimiro de Abreu
180. O noviço – Martins Pena
181. O sertanejo – José de Alencar
182. Eurico, o presbítero – Alexandre Herculano
183. O signo dos quatro – Sir Arthur Conan Doyle
184. Sete anos no Tibet – Heinrich Harrer
185. Vagamundo – Eduardo Galeano
186. De repente acidentes – Carl Solomon
187. As minas de Salomão – Rider Haggar (trad. de Eça de Queiroz)
188. Uivo – Allen Ginsberg
189. A ciclista solitária – Sir Arthur Conan Doyle
190. Os seis bustos de Napoleão – Sir Arthur Conan Doyle
191. Cortejo do divino – Nelida Piñon
192. Cassino Royale – Ian Fleming
193. Viva e deixe morrer – Ian Fleming
194. Os crimes do amor – Marques de Sade
195. Besame Mucho – Mário Prata
196. Tuareg – Alberto Vásquez-Figueroa
197. O longo adeus – Raymond Chandler
198. Os diamantes são eternos – Ian Fleming
199. Notas de um velho safado – Charles Bukowski
200. 111 ais – Dalton Trevisan
201. O nariz *seguido de* **Diário de um louco** – Nicolai Gogol
202. O capote *seguido de* **O retrato** – Nicolai Gogol
203. Macbeth – William Shakespeare
204. Heráclito – Donaldo Schüler
205. Você deve desistir, Osvaldo – Cyro Martins
206. Memórias de Garibaldi – Alexandre Dumas
207. A arte da guerra – Sun Tzu
208. Fragmentos – Caio Fernando Abreu
209. Festa no castelo – Moacyr Scliar
210. O grande deflorador – Dalton Trevisan
211. Corto Maltese na Etiópia – Hugo Pratt
212. Homem do princípio ao fim – Millôr Fernandes
213. Aline e seus dois namorados – Adão Iturrusgarai
214. A juba do leão – Sir Arthur Conan Doyle
215. Assassino metido a esperto – Raymond Chandler
216. Confissões de um comedor de ópio – Thomas De Quincey
217. Os sofrimentos do jovem Werther – J. Wolfgang Goethe

218. **Fedra** – Racine – Trad. Millôr Fernandes
219. **O vampiro de Sussex** – Sir Arthur Conan Doyle
220. **Sonho de uma noite de verão** – W. Shakespeare
221. **Dias e noites de amor e de guerra** – Eduardo Galeano
222. **O Profeta** – Khalil Gibran
223. **Flávia, cabeça, tronco e membros** – Millôr Fernandes
224. **Guia da ópera** – Jeanne Suhamy
225. **Macário** – Álvares de Azevedo
226. **Etiqueta na Prática** – Celia Ribeiro
227. **Manifesto do partido comunista** – Marx & Engels
228. **Poemas** – Millôr Fernandes
229. **Um inimigo do povo** – Henrik Ibsen
230. **O paraíso destruído** – Frei Bartolomé de las Casas
231. **O gato no escuro** – Josué Guimarães
232. **O mágico de Oz** – L. Frank Baum
233. **Armas no Cyrano's** – Raymond Chandler
234. **Max e os felinos** – Moacyr Scliar
235. **Nos céus de Paris** – Alcy Cheuiche
236. **Os bandoleiros** – Schiller
237. **A primeira coisa que eu botei na boca** – Deonísio da Silva
238. **As aventuras de Simbad, o marújo**
239. **O retrato de Dorian Gray** – Oscar Wilde
240. **A carteira de meu tio** – Joaquim Manuel de Macedo
241. **A luneta mágica** – Joaquim Manuel de Macedo
242. **A metamorfose** *seguido de* **O veredicto** – Kafka
243. **A flecha de ouro** – Joseph Conrad
244. **A ilha do tesouro** – Robert Louis Stevenson
245. **Marx - Vida & Obra** – José Arthur Giannotti
246. **Gênesis**
247. **Unidos para sempre** – Ruth Rendell
248. **A arte de amar** – Ovídio
249. **O sono eterno** – Raymond Chandler
250. **Novas receitas do Anonymus Gourmet** – J. A. Pinheiro Machado
251. **A nova catacumba** – Sir Arthur Conan Doyle
252. **O Dr. Negro** – Sir Arthur Conan Doyle
253. **Os voluntários** – Moacyr Scliar
254. **A bela adormecida** e outras histórias – Irmãos Grimm
255. **O príncipe sapo** e outras histórias – Irmãos Grimm
256. **Confissões** *e* **Memórias** – Heinrich Heine
257. **Viva o Alegrete** – Sergio Faraco
258. **Vou estar esperando** – Raymond Chandler
259. **A senhora Beate e seu filho** – Arthur Schnitzler
260. **O ovo apunhalado** – Caio Fernando Abreu

Coleção L&PM POCKET / GASTRONOMIA

1. **100 receitas de macarrão** – Sílvio Lancellotti
2. **160 receitas de molhos** – Sílvio Lancellotti
3. **100 receitas light** – Helena e Ângela Tonetto
4. **100 receitas de sobremesas** – Celia Ribeiro
5. **Mais de 100 dicas de churrasco** – Leon Diziekaniak
6. **100 receitas de acompanhamentos** – Carmen Cabeda

Coleção L&PM POCKET / SAÚDE

1. **Pílulas para viver melhor** – Dr. Fernando Lucchese
2. **Pílulas para prolongar a juventude** – Dr. Fernando Lucchese